ÉCONOMIE MONDIALISÉE, COOPÉRATIVES DÉLAISSÉES

SOCIOLOGIE DU DÉVELOPPEMENT ET DE LA COOPÉRATION EN RÉPUBLIQUE DÉMOCRATIQUE DU CONGO

Études africaines
Collection dirigée par Denis Pryen

Dernières parutions

Patrice MUKATA BAYONGWA, *Remédier à l'échec scolaire dans les écoles catholiques de Bukavu (R. D. Congo), Volume 1 et 2* , 2014.
Olivier NKULU KABAMBA, *Les médecins en Afrique et la sorcellerie*, 2014.
Alexis TOBANGUI, *Défense deuxième chance et la socialisation des jeunes en difficulté*, 2014.
Hermine MATARI, *Les instituteurs dans la société gabonaise*, 2014.
Noël Christian-Bernard OBIANG NNANG, *Les empereurs romains en Afrique du Nord. Les grandes réformes du II*e *au III*e *siècle ap. J.-C.*, 2014.
Pierre KIPRÉ, *Cultures et identités nationales en Afrique de l'Ouest. Le* Daà *dans la société béninoise d'hier à demain*, 2014.
Edouard Epiphane YOGO, *Etat fragile et sécurité humaine au sud du Sahara*, 2014.
Wendpanga Jacob YOUGBARÉ, *Méthodes d'aide à la décision appliquées pour le développement au Burkina Faso. La méthodologie Data Envelopment Analysis (DEA), 2014.*
Pierre KOULODJI, V*atican II et la parenté responsable. Histoire et analyse de* Gaudium et spes *50,2*, 2014.
Lucien PAMBOU, *La mondialisation, une chance pour l'Afrique ? Les Afriques noires francophones de l'ouest et du centre : sujets d'hier, acteurs de demain*, 2014.
Daniel Isaac ITOUA, *Instruments de musique traditionnelle des Mbôsi du Congo*, 2014.
Pascasie Minani PASSY, *Femmes en politique au Burundi. Leur nombre, leur influence ?*, 2014.
Elisabeth SHERIF, *Élection et participation politique au Niger : le cas de Maradi. Contribution à l'analyse électorale en Afrique*, 2014.
Roger KAFFO FOKOU, *Les Mbäfeung, peuple des hautes terres de l'ouest du Cameroun. Croyances et pratiques traditionnelles et culturelles*, 2014.
Rachel MAENDELEO RUTAKAZA, *Le rétablissement et la consolidation de la paix en République Démocratique du Congo de 1990 à 2008*, 2014.
Liliane MBAZOGUE, *L'éducation à la prévention du sida dans les classes de sciences*, 2014.
Constantin KUBETERZIÉ DABIRE, *Financement d'un projet de partenariats public-prive (PPP), Missions du consultant et guide méthodologique, 2014.*
Olivier M. MBODO, *Afrique subsaharienne, Populations, écologie et histoire, 2014.*
Eric M. NGANGO YOUMBI, *Les prérogatives de puissance publique au Cameroun, 2014.*

NUAH M. MAKUNGU MASUDI

ÉCONOMIE MONDIALISÉE, COOPÉRATIVES DÉLAISSÉES

SOCIOLOGIE DU DÉVELOPPEMENT ET DE LA COOPÉRATION EN RÉPUBLIQUE DÉMOCRATIQUE DU CONGO

L'Harmattan

REMERCIEMENTS ET DÉDICACE

Nous exprimons notre gratitude à M. Justin Kalulu Bisanswa qui a relu gratuitement le manuscrit entier de ce livre. Il nous a fait des suggestions utiles. Nous lui disons notre profonde gratitude. Toute éventuelle erreur ou imperfection contenue dans ce livre est de l'auteur.

Enfin, nous dédions ce travail :

- à la mémoire de nos défunts parents qui ne nous voulaient que du bien ;
- à Adelaida Javier Rodriguez, Carlos-Kalambo et Pamela Alua pour leur chaleur humaine quotidienne ;
- à Fatuma Gracia et Carol Aziza qui cherchent chacune sa voie.

Que ce travail soit un exemple de persévérance à suivre pour Mayaza Mazarine, Mwinyi Christopher et tous les jeunes de la RDC.

TABLE DES MATIÈRES

INTRODUCTION GÉNÉRALE

LA RDC, UN PAYS AU SERVICE DE L'« ÉCONOMIE-MONDE[1] » ?

La République démocratique du Congo (RDC) est une ancienne colonie belge d'exploitation des ressources naturelles et humaines. L'entreprise coloniale belge y a impulsé le développement de type occidental qui a induit le changement dans l'évolution naturelle. Ce processus ininterrompu présente des effets cumulatifs irréversibles dirigés vers des objectifs bien définis. Il est inévitable depuis son adoption en 1949 par l'administration du président américain Harry Truman comme idéologie de conquête du monde. C'est la voie de passage de tout pays non occidental et non industrialisé désireux de sortir du sous-développement. Il apparaît ainsi que le développement est d'abord une histoire de croyance occidentale (Rist, 2007). En faisant cette étude, nous voulons ainsi contribuer au renouvellement de l'intérêt sociologique pour la coopération entre les êtres humains dans un contexte de crise multiforme. Ce livre est un regard neuf porté sur la RDC.

En effet, nous avons du pain sur la planche, parce que le « consensus de São Paulo » en entérinant l'idée qu'il n'y a pas de politique unique ou de prescription universelle à destination des pays en développement reflète et appuie le retour en force de l'économie du développement et de la sociologie du développement. Nous pensons que le « consensus de São Paulo[2] » (2004) constitue une rénovation

1 Le concept d'« économie-monde » a été inventé par Fernand Braudel (historien de l'économie) et développé aux États-Unis par Immanuel Wallerstein (historien sociologue). Il désigne une portion de la planète économiquement autonome, capable pour l'essentiel de se suffire à elle-même et à laquelle les liaisons et les échanges intérieurs donnent une certaine unité organique. C'est une aire géographique et politique métamorphosée par l'État, en raison des nécessités et innovations de la vie matérielle, en un espace économique cohérent et unifié (Braudel, 1985 ; Wallerstein, 1996). En d'autres mots, selon Braudel (1985 : 86), l'« économie-monde » est une économie qui occupe un espace géographique donné. Elle accepte toujours un pôle, un centre, représenté par une ville dominante, aujourd'hui une capitale économique. Elle se sépare en zones successives (le cœur, les zones périphériques et les marges.

2 Source : http://unctad.org/en/docs/td410_en.pdf (consulté le 24/02/2014)

et non pas une remise en cause des prescriptions associées au « consensus de Washington[3] ».

À l'accession à l'indépendance, la RDC, engagée dans la voie du développement moderne, est demeurée un pays exportateur des ressources naturelles (cuivre, diamant, étain, huile de palme, caoutchouc, café, thé, etc.). Les rentes tirées de ces exportations constituent la source des revenus du gouvernement. Aujourd'hui, les revenus générés par les mines[4], le pétrole et les télécommunications demeurent les plus importants pour le trésor public.

L'économie est le résultat, en premier lieu, d'une agriculture de subsistance (ou vivrière) organisée en milieux ruraux par les Congolais authentiques et du secteur informel dans les milieux urbains. Depuis 53 ans, rien de concret n'a été fait pour que ces Congolais passent de l'agriculture de subsistance à l'agriculture commerciale. Les politiques d'industrialisation des années 1960 et 1970 n'ont pas créé des emplois et n'ont pas contribué à l'accroissement des revenus de la population. La « modernisation[5] » du pays n'a pas décollé et le retard dans le « rattrapage » des niveaux de vie occidentaux s'accumule. La majorité de la population congolaise dépend toujours d'activités vivrières, de la pêche et de la chasse (activités de subsistance non monétarisées dans la majorité de cas). Les Congolais entreprenants en vendant leurs récoltes et leurs prises (pêche, chasse) entrent dans l'économie de marché (monétarisée). La RDC n'est plus un joueur important dans le marché des exportations de produits agricoles comme l'huile de palme et le caoutchouc. Le pays continue à importer des produits alimentaires pour près de 1,3 milliard de dollars alors qu'il dispose de 80 millions d'hectares de terres arables[6].

En deuxième lieu, l'économie de la RDC est le résultat du commerce international de ressources naturelles exploitées (cuivre, cobalt, diamant, or, bois d'œuvre,

3 Une expression forgée par l'économie dominante néolibérale durant les années 1980 pour résumer les mesures standard recommandées aux économies en difficulté.

4 Les mines représentent encore 33 % du PIB congolais. Source : http://economie.jeuneafrique.com/regions/afrique-subsaharienne/16534-augustin-matata-ponyo-qnous-sortons-tout-juste-la-tete-de-leauq.html (consulté le 25 mai 2013).

5 La modernisation passe par la mise en scène et la réalisation de « grands projets techniques » sous l'impulsion de l'État : l'énergie, le téléphone, l'aviation ou encore l'informatique, etc. C'est l'accélération du changement : changements d'ordre social, économique, technique, psychologique et démographique. Le plus souvent lorsque les sociologues parlent de la modernisation, ils insistent sur la problématique de la modernisation et ses aspects socioculturels (relation entre processus de socialisation et transmission des valeurs, généralisation de la scolarisation et ouverture aux médias, rôle et impact des nouveaux lieux de socialisation liés à l'urbanisation, croissance du salariat), alors que les économistes portent leur réflexion sur le développement pour en déterminer des indicateurs, identifier les causes et les mécanismes, en rechercher les issues (Guichaouaet Goussault, 1993/2005 :15)

6 Source : http://economie.jeuneafrique.com/regions/afrique-subsaharienne/16534-augustin-matata-ponyo-qnous-sortons-tout-juste-la-tete-de-leauq.html (consulté le 25 mai 2013).

etc.) et de certains produits agricoles comme le café. Ce secteur commercial des produits naturels (minerais, bois) est trop intégré à l'économie occidentale. Il est aux mains des étrangers (Belges, Français, Américains, Canadiens, Japonais, Chinois, Africains [Sud-africains, Rwandais, Ougandais, Ouest-africains], Israéliens, etc.). Les Congolais sont concurrencés par la main-d'œuvre qualifiée venant d'ailleurs (y compris de Chine, pour ne citer qu'un exemple). Dans le commerce international, l'exploitation de ressources naturelles et le développement économique se font essentiellement au profit des économies occidentales et asiatiques (CEPAS, 2010 ; Mabi, 2011). Au cours de la période récente, le pays n'a pas connu des transformations institutionnelles et structurelles importantes. Des transformations opérées n'ont pas contribué à l'insérer de manière nouvelle dans l'économie mondiale. Les échanges du pays avec le reste du monde sont limités. Le pays ne bénéficie pas d'implantations industrielles ni de services de la part de firmes multinationales d'origine occidentale. Il ne développe pas encore ses propres capacités d'investissements à l'étranger et contribue trop peu à la mondialisation.

Hier, sous le régime Mobutu, et aujourd'hui, sous les régimes Kabila (père, puis fils), l'ouverture au commerce international (surtout des activités extractives) est l'idéologie choisie par les élites congolaises organisées en partis politiques à coloration provinciale. Mais les structures coopératives (activités privées non extractives) ne les intéressent pas dans le processus de développement du secteur privé. En revanche, toutes les élites politiques, quelle que soit l'époque, sont toujours préoccupées de garder le contrôle du pouvoir politique. Pour y parvenir, elles fabriquent de « nouveaux riches » détenteurs des rentes de ressources naturelles. L'État n'intervient pas suffisamment pour aider les Congolais vivant de l'agriculture vivrière. Le crédit est inexistant, l'encadrement technique est discontinu et rare, les intrants ne sont pas accessibles à la bourse des producteurs paysans, etc. Les autorités publiques ne prennent pas assez d'initiatives pour créer des programmes, ou des agences susceptibles d'améliorer les conditions de vie de la majorité de la population. Quand, elles le font, elles ne donnent pas aux producteurs des moyens financiers conséquents par manque de volonté politique. Les coopératives, structures des intérêts solidarisés des gagnepetits, sont délaissées. Ainsi, la pauvreté s'aggrave. La revue du DSCRP (Document de la Stratégie de croissance et de Réduction de la pauvreté) du 8 au 9 mars 2010 rapporte que la proportion de Congolais vivant en dessous du seuil de pauvreté était de 80 % en 2001 et de 70, 68 % en 2005 et que l'incidence de la pauvreté est plus élevée en milieu rural (77 %) qu'en milieu urbain (59 %). L'incidence de la pauvreté est trop élevée (71 %) par rapport à d'autres pays africains[7]. L'État ne crée pas les emplois pour les Congolais des milieux ruraux et périurbains. Dans ces

7 Source : http://www.cd.undp.org/mediafile/Note Santé.pdf (consulté le 26 mai 2013).

conditions, il est difficile de constituer, de créer une classe moyenne et une classe de gens d'affaires non affiliés à des partis politiques, aux amis de la province et aux congénères ethniques. Des postes de travail dans certaines agences, banques, etc. sont réservés exclusivement aux ressortissants de certaines provinces[8]. L'État est incapable de créer de véritables opportunités économiques : il n'existe aucune véritable industrie de transformation pouvant créer des emplois. Aucune mesure concrète n'est prise pour soutenir l'agriculture de subsistance (vivrière), déclarée prioritaire par les gouvernements successifs depuis 1960. Il nous semble que les efforts ne sont pas suffisamment déployés pour assurer aux Congolais entreprenants, le passage de l'agriculture de subsistance à l'agriculture commerciale. Pourtant, l'agriculture est le secteur qui pouvait exercer un impact important sur la population. Routes, voies fluviales et ferrées sont impraticables. Le centre de la RDC est enclavé et n'est pas relié aux régions frontalières, notamment à l'Est et au Sud. Cet état des routes, voies ferrées et fluviales ne favorise pas le développement du potentiel agricole.

Entretemps, la presse nationale et internationale souligne que la RDC a stabilisé son économie, et que la plupart des indicateurs économiques affichent une bonne santé : la croissance économique est soutenue, à 7,1 % (une croissance encore trop dépendante des matières premières), le taux de change du franc congolais par rapport au dollar est stable depuis trois ans et les recettes fiscales sont en hausse [à 2,9 milliards d'euros en 2012, soit un bond de 32 % entre 2011 et 2012 NDLR][9]. D'une part, cette croissance forte de l'économie de la RDC s'explique par l'envolée des prix des matières premières depuis 2005. La contribution du pétrole et celle des télécommunications (BM, 2010) à cette croissance sont significatives. Cette croissance est fondée sur les capitaux étrangers venant non seulement de l'Europe et des États-Unis, mais aussi et surtout en provenance des pays émergents comme la Chine, l'Inde, l'Afrique du Sud, etc. qui éprouvent le besoin d'augmenter leur consommation des matières premières pour développer leurs industries. C'est le facteur

8 Depuis 16 ans, la Banque centrale du Congo est dirigée par les Congolais originaires du Katanga. Le changement récent de la direction de cette institution l'illustre. Le 15 mai 2013, « Deogratias Mutombo Mwana Nyembo, ancien directeur des opérations bancaires et marchés à la Banque centrale du Congo (BCC) a été nommé, mardi, gouverneur de cette institution financière par le président Joseph Kabila. Il remplace Jean-Claude Masangu, qui a occupé ce poste pendant seize ans. Comme son prédécesseur, dont il était l'homme de confiance, Mutombo Mwana Nyembo est originaire du Katanga. Par ailleurs, Fikiri Alimasi, jusque-là directeur de la Trésorerie, devient directeur général de l'Hôtel des monnaies. Nyembo Sangwa, qui assurait l'intérim à l'Hôtel des monnaies, redevient directeur commercial ». Source : http://economie.jeuneafrique.com/regions/afrique-subsaharienne/17092-rdc-deogratias-mutombo-nomme-gouverneur-de-la-banque-centrale-du-congo.html (consulté le 26 mai 2013)

9 Source : http://economie.jeuneafrique.com/regions/afrique-subsaharienne/16534-augustin-matata-ponyo-qnous-sortons-tout-juste-la-tete-de-leauq.html (consulté le 25 mai 2013).

explicatif externe. D'autre part, les élites politiques se servent de ces investissements et de leurs retombées pour offrir des cadeaux à leurs amis et à leurs parents. Cette redistribution informelle d'argent redynamise le secteur informel. De ce point de vue, la croissance économique congolaise est portée aussi par la grande ampleur des activités informelles en cours. Les revenus tirés des activités informelles relancent la consommation des ménages jeunes, pleins d'envie de travailler et de réussir. C'est le facteur explicatif interne de cette croissance économique.

Quant à la balance des paiements, elle s'est améliorée de façon significative. Une meilleure gestion macro-économique ne suffit pas pour construire une économie nationale, il faut changer de gouvernance, c'est-à-dire abandonner des comportements défavorables[10] au progrès du bien commun.

Nous nous proposons d'étudier les regroupements associatifs et coopératifs durant ces trois dernières décennies d'instabilité économique, sociale et politique, caractérisées par des régimes non démocratiques ou en voie de démocratisation balbutiante.

MÉTHODOLOGIE

Cet ouvrage suggère une démarche analytique des faits optimistes et pessimistes dans l'espace congolais. Pour réaliser chaque étude de cas, nous nous sommes inspirés à la fois des approches historiques et socioéconomiques, afin de comprendre la crise multiforme de la RDC surtout de 1982 (année d'instauration du libéralisme comme idéologie et d'application des politiques d'ajustements structurels[11]) à 2010 (année du cinquantenaire de l'indépendance acquise le 30 juin 1960), tout en tenant compte de l'évolution de l'actualité dans le pays durant la rédaction de cet ouvrage. La démarche sociohistorique nous a permis de tirer des leçons du passé. Nous avons fait une analyse holistique de la crise multiforme en mettant en valeur tout ce que nous y avions vécu quand nous y résidions et tout ce que nous avons observé et recueilli auprès de nos répondants durant notre travail de terrain. Dans le sud-ouest du pays, la province urbaine de Kinshasa et celle du Bas-Congo (les milieux périurbains de Kinshasa, de Matadi, de Boma et les milieux ruraux de Seke-Banza, Sungu, Mabata-Mbengi et Kinzaunvuete) constituent notre terrain. Nous y avons effectué

10 La fraude, notamment dans les douanes, le manque d'information autour du contrat minier, par exemple à la Gécamines où 88 millions de dollars américains disparus au trésor public entraînant la suspension de la RDC pour un an de l'Initiative pour la transparence des industries extractives (ITIE).

11 Pensé pour le Zaïre/Congo et mis en œuvre par la Banque mondiale et le Fond Monétaire International, l'« ajustement structurel » est devenu le cœur du « consensus de Washington » (ouverture commerciale, privatisations, déréglementation des marchés, libéralisation du système bancaire, flexibilité du marché du travail).

plusieurs enquêtes de terrain directement de 1993 à 1997, puis de 2009 à 2012. Ces deux provinces et le Katanga sont les provinces les plus avancées du point de vue des infrastructures. Elles disposent des ressources importantes ainsi que d'équipements.

L'étude bibliographique nous a permis de mobiliser dans ce travail le savoir théorique produit par d'autres chercheurs dans d'autres aires géographiques.

Sur le terrain, nous avons choisi les répondants par « l'itération » qui « consiste en ce que le chercheur va chez X, qui lui dit d'aller vers Y de l'autre coté du village ou de la cité, puis revient chez Z qui habite près de X. C'est que les interlocuteurs ne sont pas choisis à l'avance par une méthode de tri (statistique, aléatoire), mais ils prennent place selon un compromis permanent entre les plans du chercheur, les disponibilités de ses interlocuteurs, les opportunités qui se présentent, les filières de parenté ou d'amitié déjà constituées, et quelques autres variables. Le choix des interlocuteurs s'opère ainsi pour une bonne part par "buissonnement" ou "arborescence" : de chaque entretien naissent de nouvelles pistes, de nouveaux interlocuteurs possibles, suggérés directement au cours de l'entretien » (De Sardan, 1995 : 95).

La technique de récit de vie (Pineau, 1983) est la plus adaptée pour interroger les paysans dont le niveau d'études ne dépasse pas généralement, la deuxième année d'école secondaire. Nous nous sommes servis d'un canevas d'entretien contenant des thèmes importants, se concentrant sur les thématiques suivantes : motivation du travail en groupe, objectifs, production, commercialisation et nourriture (accessibilité et problèmes rencontrés), sources des revenus, santé (accessibilité) et éducation (accessibilité et problèmes rencontrés). Une analyse sémantique de chaque récit de vie a été faite.

Nos enquêtes sociologiques et anthropologiques reposent également sur l'observation participante (Mucchielli, 1991 : 37). Notre présence au sein des communautés villageoises nous a permis de participer à la vie communautaire. Nous y avons observé des comportements et des réactions des individus et des groupes associatifs. Nous y avons recueilli les idées, les comportements individuels et collectifs. Le paradigme interactionniste a été d'un grand secours sur le terrain. L'interactionnisme désigne les types d'analyse qui considèrent les interactions sociales comme des données fondamentales de la réalité sociale (Assogba, 2004 ; De Sardan, 1995). Quelques données quantitatives ont été collectées pour saisir et quantifier les rentrées financières des sociétaires répondant à l'enquête.

L'analyse de l'aspect qualitatif de la pauvreté des individus a été réalisée à partir de l'observation du quotidien des pauvres et de leurs communautés, de leur perception de la pauvreté dans le pays. Les données quantitatives ont été produites à partir de l'enquête de terrain. L'ensemble a permis de comprendre et d'expliquer les problèmes majeurs de la pauvreté individuelle et de la faiblesse ou de la « fragilité » supposée de l'État congolais.

LES TERRAINS

La province de Kinshasa

Située au sud-ouest du pays, la province urbaine de Kinshasa s'étend sur 9965 km² et est subdivisée en 24 communes urbaines et semi-rurales dirigées par les Bourgmestres. Sa population est estimée à 9 millions d'habitants (Saint Moulin, 2010 : 274), soit environ 34,2 % de la population urbaine de la RDC. La densité est très élevée. La taille moyenne des ménages est de 6 personnes. La province connaît un climat tropical chaud et humide comprenant la saison des pluies (de septembre à mi-mai) et la saison sèche (mi-mai à août). Son sol est sablonneux et présente une faible utilité pour les activités agricoles. Kinshasa est alimenté en produits agricoles par le Bas-Congo, le Bandundu et l'Équateur.

Kinshasa comprend la ville et la cité, c'est-à-dire qu'il y a une superposition entre la ville administrative et la ville commerciale bordée des quartiers résidentiels et une périphérie composée des cités où habitent les gens ordinaires (habitants de Kinshasa). Il existe un réseau de drainage et des infrastructures d'assainissement qui ne sont pas entretenus. Près de la moitié des ménages kinois ne sont pas raccordés ni à l'eau potable ni à l'électricité. Les services de santé sont insuffisants. La malnutrition est moins grave à Kinshasa que dans d'autres provinces, mais elle n'a pas disparu. Certains enfants de moins de 5 ans souffrent de l'insuffisance pondérale.

Le revenu mensuel moyen estimé par tête d'habitant pour couvrir tous les besoins est de 315 $ US à Kinshasa (PNUD, 2009 : 7). Le revenu moyen par ménage actif est de 84 $ US par mois (PNUD, 2009 : 9). Ni les fonctionnaires ni les travailleurs de l'informel ne peuvent s'affranchir de la pauvreté structurelle qui sévit à Kinshasa. Le taux de chômage est de 15 %. Il touche particulièrement les jeunes de 15 à 24 ans (soit 29,5 %) (PNUD, 2009 : 8). Le sous-emploi est important parmi les travailleurs. Le secteur informel est le principal pourvoyeur d'emplois.

La province du Bas-Congo

La province du Bas-Congo est la plus petite province du pays. Elle compte trois districts : le Bas-fleuve, les Cataractes et la Lukaya. Elle s'étend sur 53 930 km² et est peuplée de 3,2 millions d'habitants concentrés dans les villes et cités et le long de la route nationale n° 1. Comme dans le reste du pays, la croissance démographique y est rapide. La population de cette province est formée essentiellement des kongo ou Ne Kongo ou Bakongo.

L'économie du Bas-Congo repose sur l'agriculture, l'agro-industrie, le pétrole, le barrage hydro-électrique d'Inga dans le territoire de Seke-Banza et le secteur tertiaire (transports maritime, ferroviaire, fluvial et routier). Les deux villes principales sont Matadi (capitale provinciale) et Boma (chef-lieu du Bas-Fleuve).

Le district du Bas-fleuve

Situé à l'ouest du pays, le Bas-fleuve comprend les territoires de Moanda, Lukula, Seke-Banza et Tshela. On l'appelle aussi le Mayombe ou le Mayumbe. Il est situé au sud de l'Équateur en zone équatoriale et connaît l'influence océanique. Le climat y est chaud et humide. Il existe deux grandes saisons dans ce district. La saison sèche va du mois de juin au mois de septembre et ne se fait pas sentir à cause de l'altitude et de l'influence de la forêt. Selon la FAO (Food and Agriculture Organization), le Mayombe a une forêt riche en essences de bois de haute qualité comme le limba.

Le présent ouvrage comprend cinq chapitres[12]. Le chapitre I rassemble les données pour comprendre le contexte général de la RDC. Le chapitre I expose la problématique, le cadre d'analyse (la RDC, un État fragile et ses institutions inopérantes, c'est-à-dire la faiblesse de l'État congolais et la fonctionnalité de ses institutions) ; les concepts et théories. Le chapitre II présente les pré-coopératives dans un contexte humanitaire. Le chapitre IV analyse la coopération en milieu rural. Le chapitre V examine l'association en milieu autochtone, l'accès au foncier et la promesse du bien-être. Enfin, le chapitre VI analyse et interprète la signification de l'étude réalisée et clôt le travail.

Cette étude présente une brève histoire politique, sociale et économique de la RDC, ainsi que l'analyse de la sociologie du développement et de la coopération. Elle montre comment l'économie extractive (une composante du secteur privé), qui profite surtout aux étrangers et aux élites congolaises au pouvoir, a été survalorisée au détriment de l'économie coopérative (la composante délaissée du secteur privé) qui profiterait à l'immense majorité des Congolais qui survivent grâce aux activités vivrières et informelles. Nos résultats de terrain menés à Kinshasa, au Bas-Congo (ou Kongo central) de 1995 à 2012 montrent que les producteurs adhérant à des regroupements associatifs et coopératifs, même momentanément, arrivent à monter dans l'échelle du développement. L'association permet aux producteurs d'affronter ensemble les problèmes qui seraient insolubles pour un individu : la récolte, l'évacuation de la production vers les centres de consommation, la commercialisation, etc., de les résoudre par des actions collectives[13]. Les liens sociaux se tissent et le capital social généré devient un bien commun accessible à tous. Les adhérents vivent ainsi la

12 Dans certains chapitres, nous avons repris des extraits de travaux déjà publiés auxquels nous renvoyons le lecteur : articles dans la revue « Economie et solidarité » : Nuah M. Makungu M. « La réinvention de la solidarité dans les regroupements des éleveurs périurbains à Kinshasa », volume 38(1) portant sur « Solidarité, économie sociale et développement local », volume 38 (1), (2007) 2009, pp. 76-97, etc.

13 Tout le monde coopère pour le bien-être de tous. Se reporter à Putnam, Robert (1993). « Chapter 6. Social Capital and Institutional Success" in *Making Democracy work: civic traditions in modern Italy*. Princeton, NJ, Princeton University Press.

démocratie à la base. La coopération globale libère ainsi les individus des problèmes financiers. Les effets en matière d'alimentation, de santé, de travail et de revenus sont immédiats sur la création de richesses et le progrès humain.

CONTEXTE GÉNÉRAL DE LA RDC

1 CARACTÉRISTIQUES GÉOGRAPHIQUES

La RDC a un climat tropical humide caractérisé par une saison de pluies et une saison sèche. Il est traversé par l'Équateur. Son relief comprend de chaînes de montagnes à l'est, de plateaux et de plaines. Les montagnes de l'Est ont parmi elles les sommets les plus élevés de l'Afrique comme le Ruwenzori. Certaines montagnes couvent des volcans qui secouent les villes de Goma et de Bukavu. Ce sont les Karisimbi, Nyiragongo et Nyamlagira. La partie centrale du pays est placée dans la cuvette du bassin du fleuve Congo.

La flore est variée. Elle est dominée par la forêt équatoriale. Une forêt des plus denses du monde, après l'Amazonie. Elle contient les essences les plus variées. On y rencontre des savanes boisées et herbeuses (Mertens et Bélanger, 2009).

La faune est riche. Elle garde encore les espèces les plus rares de la planète comme l'okapi et les gorilles des montagnes, etc. que l'on trouve dans les parcs de Virunga, de Garamba, de Salonga, de Kahuzi-Biega, de Kundelungu et d'autres (Bultot, F. 1977).

L'hydrographie est à la grandeur du pays : le majestueux fleuve Congo sillonne, en formant un arc, un grand nombre de provinces, avant de se jeter dans l'océan Atlantique avec un débit assez constant. Le fleuve dispose de plusieurs affluents dont certains sont navigables. De grands lacs sont aussi présents : Tanganyika (riche en plusieurs espèces de poissons), Kivu qui a beaucoup de gaz naturels, Albert qui a du pétrole, etc.

Le sol est fertile et le sous-sol est très riche. Il contient beaucoup de minerais qui suscitent l'envie de plusieurs nations : cassitérite, Wolfram, colombo tantalite, charbon, manganèse, cuivre, zinc, diamant, or, zinc, cobalt, etc. (BCC, 2010)

2 HISTOIRE

Le territoire de la RDC fut occupé par les Pygmées et les Bantous. Vers le XVe siècle, il a été visité par des explorateurs européens : Diego Cao, David Livingston et Henri Morton Stanley. Entre le XVIIe et le XVIIIe siècle, de grands royaumes ont marqué l'histoire : le royaume Kuba, créé sur la rivière Kasaï, le royaume Luba dans le Katanga, le royaume Lunda et le royaume Kongo vers l'ouest.

Le pays a connu l'esclavage et la Traite des Noirs. En 1876, Léopold II, roi des Belges, a créé l'Association Internationale Africaine (AIA), qu'il a, par la suite, transformée en Association Internationale du Congo (AIC). En 1885, après la Conférence de Berlin, l'État Indépendant du Congo a été créé et a été une propriété privée du roi Léopold II. En 1908, la Belgique a hérité le Congo de Léopold II. Le 30 juin 1960, le Congo devient indépendant. Joseph Kasa-Vubu fut le premier « président de la République » et Patrice-Emery Lumumba fut le premier « premier ministre ». Tous les deux furent élus par les parlementaires

L'indépendance a été suivie de rébellions et de sécessions : la sécession du Katanga avec Moise Tshombe et la sécession du Kasaï avec Albert Kalonji. Le 24 novembre 1965, le Lieutenant général Joseph Désiré Mobutu s'empare du pouvoir par un coup d'État. Le 27 octobre 1971, le pays change de nom et devient la République du Zaïre. Mobutu dirige des mains de fer le pays jusqu'au 17 mai 1997 et institue le système monolithique de parti unique dénommé le Mouvement Populaire de la Révolution (MPR). Sa dictature et les mesures économiques prises sans aucune préparation des cadres congolais plongent le pays dans le dénuement, le chaos politique total qui a paralysé la vie nationale. Le 24 avril 1990, Mobutu libéralise la vie politique. Il s'ensuit une longue transition au cours de laquelle il sera obligé d'abandonner le pouvoir à la suite de la pression de la rébellion (Ndaywel, 1998).

En novembre 1996, une guerre montée à l'extérieur éclate dans le Nord-Kivu, soutenue militairement par le Rwanda, l'Ouganda, le Burundi, la Zambie, le Zimbabwe et l'Afrique du Sud. Elle se « congolise[14] » en inventant un clan qui n'existe pas sociologiquement dans le pays : les benya mulenge[15]. Laurent Désiré Kabila est coopté comme porte-parole par les Rwandais et les Ougandais. Il s'autoproclame président de la République le 17 mai 1997 à Lubumbashi et rebaptise le pays qui redevient « la République démocratique du Congo ».

14 Pour « congoliser » l'AFDL, le Rwanda recourut à L.D. Kabila. Le Rwanda et l'Ouganda avaient « congolisé » la poursuite de l'agression du territoire national de la RDC en recourant à plusieurs anciens mobutistes dont certains sont encore au pouvoir à Kinshasa en 2013 : C'est le cas de Lambert Mende, Thambwe Mwamba, etc. Paul Kagame avait défié le journaliste d'AL Jazeera en lui demandant de citer un seul nom d'un membre du gouvernement congolais qui n'a pas de lien avec le Rwanda (Se reporter à *Talk to Jazeera*, Paul Kagame : « Rwanda has its own problems », Interview accordée à AL Jazzera, le 23 juillet 2012).

15 Les réfugiés Tutsi ressortissant de la colline de Mulenge au Sud-Kivu sont une véritable fiction politique. S'ils ont la nationalité congolaise, ce sont les Congolais rwandophones qui y vivent. En RDC, le fait d'habiter sur une colline ne donne pas d'identité sociologique à un groupe humain. Depuis la création du mouvement du 23 mars 2012, on ne parle plus des benye mulenge, mais des Tutsi. D'autres barons du régime de Kigali parlent des Rwandophones. Se reporter au carnet de Colette Braeckman du 29/08/2012 : « Cartes sur table : les quatre vérités du général James Kaberebe ». http://blog.lesoir.be/colette-braeckman/

En août 1998, une autre rébellion éclate à Kinshasa, dans le Bas-Congo et à l'Est, provoquée par les anciens alliés rwandais et ougandais de Kabila, puis d'autres rébellions se font jour à Kisangani et en Ituri entre les alliés des Rwandais et des Ougandais qui ne s'entendent pas sur le partage des richesses congolaises pillées. Cette stratégie de prise en tête en attaquant sur les deux fronts à l'ouest (façade atlantique) et à l'est (Berghezon et Nkundabangenzi, 1999 : 15) échoue. Le pays est divisé en trois. L'État est fragile[16]. Des tentatives de règlement pacifique s'amorcent de partout. Un accord de paix est signé à Lusaka en Zambie en juillet 1999.

Le 16 janvier 2001, Kabila est assassiné par son garde du corps (Kennes et Munkana, 2003 : 9). Les Katangais influents et les amis de Kabila constituant le « clan politique » du défunt désignent le Général major Joseph Kabila (son fils) pour lui succéder en qualité de président par intérim. En mars 2003, un accord global de paix est signé à Pretoria en Afrique du Sud, à l'issue duquel, on institue une Constitution durant une transition de deux ans et on forme un gouvernement d'union nationale dirigé par Joseph Kabila et quatre vice-présidents (Abdoulaye Yerodia Ndombasi de la mouvance kabiliste ; Jean-Pierre Bemba, Azarias Ruberwa, issus des anciens mouvements rebelles ; Arthur Z'ahidi Ngoma représentant l'opposition politique non armée). En 2006, les élections furent organisées sous l'égide de la communauté internationale et remportées par Joseph Kabila. Mais, la paix n'est pas revenue, puisque le Congrès National pour la Défense du Peuple (CNDP) a été fabriqué par le régime politique de Kigali au Rwanda. L'intégration des mutins (de plusieurs milliers de Tutsi rwandais et d'autres opposants issus d'autres groupes ethniques frustrés par le régime politique de Kinshasa) dans l'armée congolaise a été un coup fatal à l'existence de l'armée congolaise. La « congolisation » de la guerre d'agression dont la RDC est victime depuis 1996 a toujours été la stratégie du régime rwandais. En 2011, à l'issue des élections dont les résultats ont été contestés, Joseph Kabila est réélu pour un autre mandat de cinq après avoir modifié la Constitution pour lui permettre de se représenter. Mais dès que le régime politique contesté de Kinshasa s'est dit déterminé à arrêter un petit seigneur de guerre (Bosco Ntaganda) fabriqué par le régime de Kigali après la mise à l'écart du leader de CNDP(congrès National pour la défense du peuple, Laurent Nkunda Batware), le M23 (Mouvement du 23

16 État est faible ou fragile lorsque les instances étatiques n'ont pas la capacité et la volonté politique d'assumer les fonctions essentielles requises pour faire reculer la pauvreté et promouvoir le développement, ni d'assurer la sécurité de la population (OCDE, 2011). L'État est incapable de remplir ses fonctions régaliennes. Depuis le 11 septembre 2001, on observe un intérêt croissant pour la « Labélisation » des États défaillants (failed states) puisque dans ces conditions le principe de la souveraineté ne peut plus s'exercer, et des États voyous (rogue states) qui refusent le droit international, ne méritent plus leur souveraineté (OCDE, 2011). Dans les deux cas, une intervention internationale devient légitime.

mars) a été inventé par le même régime politique rwandais pour poursuivre le pillage des ressources minières (les mines de cassitérite) de la RDC (*Jeune Afrique* n° 2688, 2012 : 34-35). Il a enfin été défait par les forces armées congolaises en décembre 2013 et tous les rebelles se sont réfugiés en Ouganda[17].

Ces désordres ont coûté cher à la RDC. Plusieurs millions de Congolais[18] sont morts des effets directs et indirects de ces guerres depuis novembre 1996. Quel est le sort réservé à ces morts par la république ou ses représentants ? Les Congolais ont-ils perdu le sens des valeurs sans lesquelles aucune communauté humaine ne peut durer, avoir la stabilité et se projeter dans l'avenir ? Un peuple qui ne sait pas faire le deuil de ses morts, peut-il reconstruire une nation ou promouvoir une bonne gouvernance ?

Le sous-développement politique de la RDC se caractérise par l'instabilité politique et l'absence des structures fonctionnelles. Les textes législatifs ne sont pas appliqués. La constitution est modifiée au gré des vagues. Les institutions sont inopérantes et l'existence même de l'État est problématique. Les dysfonctionnements des structures étatiques, administratives, économiques et les incertitudes sont tels qu'on ne peut rien planifier. Or, le développement économique réside dans la transformation des institutions politiques, sociales, etc. Cela ne peut être possible que s'il y a une bonne gouvernance.

3 GOUVERNANCE

La gouvernance est un ensemble de bons comportements permettant aux élites de travailler avec efficacité au nom de l'intérêt général. Elle renvoie à la coordination et à la régulation des divers mondes en vue de changer les institutions et les organisations. La somme des institutions, des processus et des traditions forment un mode de régulation sociale spécifique du pouvoir et de la prise de décision concernant les finalités collectives négociées entre les partenaires (Paquet, 2011 et Côté, 2011). Elle traduit l'apparition de nouveaux acteurs, dont la société civile et les parties prenantes (ex. partenaires privés dans un projet, ménages, etc.), de nouvelles formes organisationnelles (ex. réseau, valeur, action.), une gouvernance partagée, de nouvelles formes institutionnelles (nouvelle répartition du pouvoir, de nouvelles

17 Selon radio-Okapi, « le Représentant spécial adjoint du secrétaire général des Nations unies en RDC chargé des opérations à l'Est de la RDC, le général Abdallah Wafy, a déclaré le mardi 4 février à Radio Okapi qu'il ne disposait pas d'éléments lui permettant d'affirmer que les rebelles du M23 sont en train de conduire des formations militaires ou des activités de nature à reprendre les hostilités à partir de l'Ouganda ». Source : http://radiookapi.net/actualite/2014/02/05/le-general-wafy-dit-ne-pas-disposer-pas-delements-attestant-une-reorganisation-du-m23-en-ouganda/ (consulté le 24/02/2014).

18 Se reporter à http://www.caritas.org/fractivities/emergencies/SixMillionDeadInCongoWar.html

approches misant sur l'horizontalité, décentrement dans la prise de décision, l'incitation plutôt que la coercition, une gouvernance partenariale, des dispositifs plus ou moins formalisés qui ne relèvent pas tous de la sphère du gouvernement. Les divers acteurs sont impliqués dans la réalisation de l'intérêt général [privé, public, économie sociale]. Cela peut conduire à des controverses au sein d'un même monde et à des conflits [ou discordes] entre mondes différents.

L'expérience congolaise montre que des objectifs de nature économique détermineront des changements tant économiques qu'administratifs.

Organisation administrative

Étendue sur une superficie de 2 345 000 km², la RDC est organisée administrativement en 11 provinces [Kinshasa, Bas-Congo, Bandundu, Équateur, Kasaï oriental, Kasaï occidental, Katanga Maniema, Nord-Kivu, Province orientale, Sud-Kivu] [Saint Moulin, 2010 : 274]. Chaque province est dirigée par un Gouverneur assisté par un Vice-gouverneur, tous les deux élus au second degré par l'Assemblée Provinciale. Elle a comme voisins, à l'Est, l'Ouganda, le Rwanda ; le Burundi et la Tanzanie ; au Nord, le Soudan et la République Centrafricaine ; à l'ouest, la République du Congo et l'Angola, au sud et sud-est, la Zambie.

Les services postaux sont quasiment inexistants et les infrastructures routières limitées et en mauvais état. La communication entre le centre et les périphéries ou en sens inverse est très difficile. Lors de la préparation du budget ou lors de la paie des fonctionnaires, il est très difficile de communiquer avec les villages et villes de l'intérieur du pays. En sens inverse, il est très difficile après la paie des fonctionnaires, de faire parvenir dans un délai raisonnable un compte rendu comptable au ministère ou au chef-lieu d'une quelconque province. Cette désorganisation des services publics est un gros handicap que le pays ne surmontera que s'il y a une volonté politique de donner des moyens nécessaires à chacun de ces services pour que la population soit servie aisément. Ce sous-développement se situe également dans le domaine technico-économique.

4 ÉCONOMIE

La monnaie nationale est le Franc congolais [FC]. Au 09/08/2012, 1 dollar américain vaut 959 FC) (site Internet digitalcongo.net). La majorité de la population est essentiellement rurale et vit de l'agriculture. Cette agriculture est essentiellement vivrière et ne satisfait pas tous les besoins du pays. La productivité est faible. Le pays exporte le café, mais il importe le riz, le bœuf, le poisson, le poulet, etc., alors que les productions nationales pourrissent dans l'arrière-pays, faute des moyens de communication efficaces. L'insuffisance de l'alimentation est une des caractéristiques du sous-développement.

La terre est devenue une marchandise depuis que le pays a adopté le libéralisme économique. La distribution inégale des terres accroît progressivement les inégalités des revenus des ménages agricoles. Les ouvriers agricoles sont trop mal payés, alors que les propriétaires fonciers s'enrichissent excessivement. Ces privilégiés opèrent sur le produit du travail des prélèvements importants, d'autant plus dommageables qu'ils ne sont pas toujours réinvestis dans des activités productives locales, mais le plus souvent thésaurisés, investis en terre ou placés à l'étranger. Du point de vue économique, la mauvaise utilisation de ces prélèvements se révèle être l'obstacle majeur à l'amorce du développement.

Des industries fonctionnent à peine : la GECAMINES (Générale des Carrières et des Mines) exploite le cuivre et le cobalt, mais son activité a dégringolé ; le consortium chinois composé de la China Railway Limited, Sinohydro Corporation, Zhejiang Huayou Cobalt Co. LTD et la GECAMINES désignée par le gouvernement congolais ont fondé la SICOMINES (Société Sino-Congolaise des Mines) SARL (Société à responsabilité limitée). La MIBA (la société minière de Bakwanga), qui exploite le diamant et dont le fonctionnement est boiteux, s'est associée à la SIBEKA (Société d'entreprise et d'Investissements S.A). Dans ces transactions, le peuple congolais est souvent perdant, puisqu'il est privé des avantages du boom des ressources du pays. Les richesses du pays sont bradées par les élites au pouvoir. Le dernier rapport de l'*Africa Progress Panel*, un panel d'experts dirigé par Kofi Annan, l'ancien secrétaire général des Nations Unies, rapporte que la RDC a souffert d'un manque à gagner d'au moins 1,36 milliard de dollars de revenus potentiels entre 2010 et 2012, en raison de la vente à prix bradés d'actifs miniers à des sociétés *offshore*. Cinq actifs miniers ont été bradés par l'État en RDC entre 2010 et 2012, vendus à des sociétés *offshore*, servant d'intermédiaires, qui réalisent ensuite d'énormes bénéfices en les revendant à des groupes étrangers : « Aucun pays n'illustre mieux les coûts élevés des échanges de concessions opaques que la République démocratique du Congo[19] ».

La prédominance de la logique des multinationales dans l'organisation des activités économiques conduit à des tensions sociales et à la formation de grandes poches de misère, tout en rendant non viable le pays en tant que projet national. Le pays est dépouillé de ses entreprises en faveur de la mondialisation néolibérale. En fait, dans la plupart de cas, les étrangers qui acquièrent les entreprises d'État sont les porteurs de masque. Le plus souvent, dernière chaque acquéreur d'entreprise

19 Christopher Thompson, William Wallis, Andrew England in Cape. « Progress Panel has Congo deals in its sights Town ». Source : http://www.ft.com/cms/s/0/169d4c0c-b8c5-11e2-a6ae-00144feabdc0.html#axzz2TorodmqE (consulté le11 mai 2013). Le ministre congolais des Mines, Martin Kabwelulu, a rejeté les conclusions de ce rapport.

privatisée, il y a une élite congolaise au pouvoir (un proche ou un ami du régime politique en place). Trente ans après l'adoption du libéralisme économique, jusqu'à un certain point, les intérêts des multinationales ne sont pas encore compatibles avec l'intérêt de la RDC. Pour cette raison, la prospérité de ces firmes renforce la vision de l'impérialisme économique en défaveur de ce pays en développement. Certes, la croissance économique générée par l'investissement massif des capitaux étrangers dans l'exploitation des ressources naturelles du pays bénéficie aux secteurs d'approvisionnement des biens de consommation destinés aux élites nationales (biens de luxe, biens durables) et d'affaires de la société congolaise. Les secteurs produisant les biens de première nécessité dont le plus grand nombre de Congolais a besoin sont délaissés. L'endettement extérieur augmente, les ressources humaines sont mal rétribuées et la marginalité sociale s'amplifie.

D'autres ressources minières sont pillées dans les parties du territoire en guerre et vendues aux étrangers. *Le Potentiel*, un des grands journaux de Kinshasa, dans sa livraison du 7 février 2011, rapporte qu'un avion immatriculé aux États-Unis a été immobilisé à Goma :

> Un avion est immobilisé actuellement à l'aéroport de Goma. Plutôt que d'être considéré comme un acte banal posé par les préposés de la Régie des voies aériennes. Derrière se cache une grosse affaire combinant le trafic illicite des matières premières et une louche opération de faux billets de banque.
>
> La perspicacité des services sur place a permis de découvrir le pot aux roses. L'avion, immatriculé aux É.-U., a emprunté un itinéraire qui ne laisse planer aucun doute. Il serait venu d'un paradis fiscal, probablement la Grande Bermude, en passant par Abuja au Nigéria avant de se poser à Goma. Dans ses soutes, la bagatelle somme de 6 800 000 US, en espèces sonnantes et trébuchantes. Cet argent liquide était destiné à l'achat de l'or.

Le secteur minier pose des problèmes particuliers à cause de sa forte intégration dans l'économie mondiale. Les relations avec les marchés étrangers et les investisseurs sont plus importantes dans ce secteur que dans les autres secteurs de l'économie congolaise (BM, 2010 : viii).

Le commerce des produits miniers est aux mains des étrangers et profite surtout aux entreprises européennes, canadiennes, américaines, australiennes, chinoises et sud-africaines depuis 2002.

4.1 Commerce extérieur

Il est fondé à l'exportation sur le pétrole, le diamant, le cuivre, le café, le cobalt, l'or, le zinc, etc., et à l'importation, sur les biens d'équipement, les produits alimentaires et les biens durables. La dépendance de la RDC est d'autant plus forte que ces exportations conditionnent l'achat de biens d'investissements nécessaires à son développement : sans commerce extérieur, le pays n'aurait aucun accès à la technologie moderne. En partie, ce modèle de développement explique le retard de la RDC. Ce modèle de croissance lui a été imposé par l'héritage colonial. Il repose sur la spécialisation forcée dans l'exportation de matières premières en échange de produits manufacturés. Un échange inégal s'instaure (Amin et Vergopoulos, 1974). Ce libre-échange confine la RDC à un rôle d'exportateur de produits primaires et lui fait subir une constante dégradation des termes de l'échange (Cardoso et Faletto, 1978/1970). De plus, les plans de développement économique ne produisent leurs fruits qu'à long terme ; dans l'intervalle ils exigent des privations considérables sans apporter des avantages immédiats.

4.2 Le monde rural

La situation du monde rural s'est fortement dégradée du fait de l'écroulement politique et macro-économique de la RDC. D'où par exemple la dépendance alimentaire de ce pays qui ne peut plus nourrir les habitants de ses villes. D'où aussi la perte de compétitivité de son agriculture d'exportation. Le développement agricole n'a pas encore eu lieu. Des succès notables peuvent être obtenus en une génération à condition de s'organiser. Il n'y a pas de fatalité.

La restauration, l'hôtellerie, les assurances et les services bancaires sont limités en RDC. Donc, le secteur tertiaire y est hypertrophié et parasitaire, une autre caractéristique du sous-développement. Avant d'atteindre le stade de « décollage » économique à partir duquel le processus de croissance devient quasi-automatique, la RDC doit franchir plusieurs étapes préparatoires consistant notamment en la création d'infrastructures matérielles, mais surtout sociales et institutionnelles.

4.3 Secteur de l'énergie

La RDC pourrait produire assez d'électricité pour couvrir les besoins de tout le continent, mais le pays est actuellement dans une situation de pénurie énergétique. L'offre d'énergie est sujette à de nombreuses coupures. La maintenance et la réhabilitation des installations se font uniquement en cas d'urgence ; le matériel est obsolète (BM, 2010 : vi). Néanmoins, le pays exporte aussi l'électricité produite par le barrage d'Inga à la République du Congo, à la Zambie et à l'Afrique du Sud (PNUD, 2009 : 5). En même temps, la plupart des utilisateurs industriels doivent recourir à des générateurs de secours afin de se mettre à l'abri de fréquentes interruptions dans la distribution et éviter de subir des pertes de production importante (BM, 2010).

D'autres richesses naturelles sont insuffisamment exploitées ou encore inexploitées comme le pétrole de l'embouchure du fleuve Congo et de l'Ituri à la frontière de l'Ouganda ; le colombo tantalite du Nord-Kivu, du Sud-Kivu et du Maniema

(BCC, 2010). Donc, comme dans tout pays en développement, l'industrialisation y est faible et incomplète, alors que, dans les pays développés, l'industrie assure un processus de croissance cumulatif.

Entre les capitales provinciales, les districts et la capitale Kinshasa, les communications se font par voie aérienne : une compagnie nationale « Lignes aériennes congolaises » (LAC) et plusieurs autres compagnies privées, par exemple « CAA », « Hewa Bora », etc. Entre les centres urbains, les villages de l'intérieur du pays et Kinshasa, elles se font par voie maritime et fluviale ; par voie ferroviaire (les compagnies ONATRA à l'Ouest et la SNCC au Sud-est). Elles se font, enfin, par la voie routière. Des routes demandent l'entretien régulier et d'autres routes sont à construire, puisque les besoins sont immenses.

Le domaine de la communication est envahi par le téléphone cellulaire : Celtel Congo, Vodacom-RDC, Sogetel, Supercell-RDC, Standard Telecom, etc. Ces compagnies travaillent sous la supervision de l'Office Congolais des Postes et Télécommunications (OCPT) qui est dans l'incapacité financière et opérationnelle d'assurer sa mission. Le réseau de téléphonie s'est effondré. Le nombre d'usagers tend inexorablement vers zéro. Aucun investissement public n'a été fait dans les infrastructures téléphoniques publiques depuis cinq décennies (BM, 2010 : vi). Le réseau de téléphonie cellulaire est en plein essor. C'est même le plus dynamique de l'économie. En 2008, avec un chiffre d'affaires de plus de 850 millions de dollars US, il s'est placé en deuxième place après le secteur minier en couvrant à lui seul un tiers des recettes fiscales. Il a fourni plus de 160 millions de dollars US du budget de l'État (BM, 2010 : vi). Les sociétés privées sont dominantes. Le secteur des Télécoms passe ainsi aux mains des intérêts étrangers.

5 SANTÉ

Sur le plan de la santé, la couverture médicale n'est pas suffisante. Le document du profil de pauvreté du Bas-Congo relève le rapport de 1 médecin pour 17 746 habitants en 2007 (PNUD, 2009 : 13) au niveau national. La pauvreté monétaire des ménages pousse ceux-ci à dépenser de moins en moins pour la santé. Le taux de mortalité infantile[20] (chez les moins de 5 ans) est estimé à 148 pour 1000 entre 2002 et 2008 (DSCRP, 2010 : 2). La malnutrition est une cause sous-jacente de décès de certains enfants atteints des maladies infectieuses. Elle est difficile à supprimer, car les éléments dont l'absence en est la cause sont des produits inaccessibles (viande, poisson, fruits, etc.) aux pauvres et à ceux dont les revenus sont maigres. Comme

20 Le taux de mortalité infantile est le nombre d'enfants qui meurent avant l'âge d'un an, pour 1000 naissances vivantes par an.

l'insuffisance alimentaire qualitative ne se traduit pas par une sensation de faim, les pauvres et les non pauvres ont tendance à ne pas consommer souvent ces produits chers, pour utiliser leurs maigres revenus à l'habillement, etc. Les données ont certainement évolué parce que d'autres médecins ont été formés (DSCRP, 2010). Toutefois, la chute de la mortalité infantile en cours ne s'accompagne pas d'une réduction proportionnelle de la natalité qui, en RDC, se maintient à des niveaux très élevés dans toutes les provinces.

En fait, la famine qui, autrefois, provoquait la mort dans certaines contrées du pays a été jugulée par le transport aérien ou ferroviaire ou fluvial et la distribution de surplus alimentaires venant de milieux mieux dotés. Par contre, la sous-alimentation[21] chronique pèse sur des populations nombreuses à la campagne et en ville dans toutes les provinces du pays. À ces besoins quantitatifs s'ajoutent des besoins qualitatifs qui, s'ils ne sont pas satisfaits, engendrent des maladies de carence. Même là où la ration alimentaire est satisfaisante en calories apparaissent des phénomènes de malnutrition dus au manque de vitamines, de sels minéraux et surtout de protéines[22], principalement animales, indispensables à l'entretien et la formation des tissus.

Les données publiées récemment montrent que le nombre de médecins fonctionnaires au Bas-Congo et à Kinshasa est beaucoup plus grand que dans d'autres provinces. Par ailleurs, le nombre d'infirmiers est autant élevé dans le Bas-Congo et à Kinshasa que dans le Nord-Kivu, la Province orientale et le Maniema (DSCRP, 2010 : 6).

En effet, la population congolaise est exposée au paludisme endémique. Cette maladie est la principale cause de mortalité chez les enfants de moins de 5 ans (150 000 à 250 000 en meurent chaque année). Les enquêtes menées à Kinshasa en 2001 ont rapporté que le paludisme était la cause de 37 % des décès qui se sont produits chez les enfants de moins de 5 ans (DSCRP, 2010 : 4).

L'épidémie du VIH/SIDA (Syndrome Immunodéficitaire Acquis) est un danger public en RDC pour les 15 à 49 ans. La prévalence du VIH (Virus d'Immunodéficience Humaine) chez les femmes enceintes qui se rendent aux services de consultation prénatale est de 4,3 %. Les informations récentes sur cette épidémie montrent qu'elle se répand en milieu rural (46 % en milieu rural contre 4,2 en milieu urbain) (DSCRP, 2010 : 4). L'épidémie se féminise. Le manque fréquent de revenu pousse les

21 On considère en première approximation qu'il y a sous alimentation dès que la ration moyenne journalière par habitant est inférieure à 2500 calories ; or, près de 70 % de la population du globe sont concernés. L'être humain a besoin d'énergie pour croître, se relier à l'extérieur par le travail, maintenir sa température, soit par l'intermédiaire des animaux.

22 Les protéines sont des composantes de base de toute cellule vivante. Il n'y a pas de vie sans protéine : la croissance, la reproduction et la malnutrition lui sont reliées. Elles sont très importantes dans l'alimentation de l'homme.

jeunes filles et les femmes à vendre leurs corps pour survivre. De ce point de vue, elles constituent un des groupes les plus vulnérables.

La recrudescence de la tuberculose est en partie liée à l'infection au VIH. La prévalence du VIH chez les tuberculeux est estimée à 30 % (DSCRP, 2010 : 4).

Il y a aussi recrudescence de la trypanosomiase en RDC. On détecte 12 000 à 15 000 cas de trypanosomiase chaque année dans des zones endémiques de cette maladie (DSCRP, 2010 : 45).

6 ÉDUCATION

Les établissements d'enseignement primaire, secondaire et professionnel sont tenus par des Églises catholiques, protestantes, kimbanguistes, musulmanes, l'État congolais et d'autres privés. L'État assure la majorité du service de l'éducation du pays. Les parents ont l'obligation de payer une contribution substantielle (en francs congolais au taux du jour en dollar américain) pour le fonctionnement des écoles et le paiement des enseignants (Ekwa, 2010).

Quant à l'enseignement supérieur et universitaire, la situation est la même. Le principe de contribution y est également appliqué même si le salaire du professeur titulaire est valorisé à 2000 dollars américains payés en francs congolais au taux du jour. Les Instituts supérieurs et les universités sont très sollicités et la possibilité d'encadrement adéquat des étudiants est amoindrie (Mugaruka, 2010). Le corps professoral est aussi amoindri : « À l'enseignement Supérieur et Universitaire (ESU), la moyenne d'âge des professeurs est de 52 ans, le métier n'attire plus les jeunes et la relève pose problème dans certaines facultés » (Ekwa, 210 : 589).

Le taux de scolarisation dans l'enseignement primaire était de 64,7 % en 2005, loin de l'objectif de l'éducation pour tous. Celui de l'alphabétisation est de 43,2 % en RDC (PNUD, 2009).

7 DÉMOGRAPHIE

La population de la RDC est estimée à 69 millions d'habitants (Saint Moulin, 2010), dont une population active évaluée à 35 millions. L'espérance de vie à la naissance[23] est de 48 ans en 2010 (BCC, 2010). La population est travailleuse, mais les résultats de son travail sont inhibés par les turbulences politiques. Son taux global d'accroissement est de 3,29 % par an (Ngondo et *alii*, 195). Le taux de fécondité reste élevé même s'il évolue. Estimé à 7,2 enfants par femme en 1995, il est passé de 7,1 en 2001 à 6,3 en 2007 (DSCRP, 2009 : 3). La volonté de limiter les naissances apparaît dans les

23 L'espérance de vie à la naissance indique le nombre d'années qu'un nouveau-né peut vivre compte tenu des risques de mortalité prévalant à sa naissance.

villes, sans que toutes les populations urbaines disposent toujours de la formation et des moyens techniques pour mettre leur vœu en pratique. Le maintien d'une forte natalité en RDC résulte en partie de comportements hérités d'une longue tradition, de valeurs spirituelles estimables et enfin de l'intérêt des familles placées dans des conditions économiques et sociales qui rendent souhaitables le travail des enfants.

Le phénomène d'explosion démographique résulte surtout de la baisse rapide de la mortalité combinée à une diminution lente de la natalité. Les nombreuses sources d'approvisionnement alimentaire atténuent les famines aiguës et le progrès de la médecine a introduit l'acquisition des produits pharmaceutiques à faible coût fabriqués par les industries des pays industrialisés.

La structure démographique indique une grande proportion de jeunes. Plus de 55 % de la population totale ont moins de 20 ans. En effet, la tranche de 0 à 14 ans représente environ 48,5 % de la population totale, celle de 60 ans et plus ne représente qu'environ le 1/3 de celle-ci. Cette structure pyramidale fait peser de lourdes charges sur la population active (fournir l'éducation et les soins de santé à la génération montante) et influence l'évolution du taux de natalité-mortalité. Le faible poids des vieux ne fait pas stagner ni remonter le taux de mortalité. Cette croissance démographique présente un caractère explosif que l'expansion économique ne peut compenser. Elle empêche ou freine le développement. L'augmentation des ressources y est moins rapide que celle des bouches à nourrir de sorte que les niveaux de vie stagnent. Dans le plus grand nombre de provinces de la RDC, ils régressent depuis 1990 (DSCRP, 2009).

La démographie galopante contribue à l'urbanisation galopante du pays. Par exemple, *Kinshasa* est une ville à démographie galopante dont la population double presque tous les dix ans à cause de l'exode rural ou de la déruralisation et du taux d'accroissement naturel de 3, 1 % par an (Ngondo et Saint-Moulin, 1992). On observe que les populations autochtones chassées de leurs terres à la suite de l'accaparement de bonnes terres par les exploitants forestiers et les industriels miniers s'installent dans les périphéries des villes et en même temps, l'insécurité à l'intérieur du pays accélère l'exode rural et l'augmentation de la population urbaine. Les gens ont besoin des services collectifs, mais dans les villes de la RDC, la voirie est inopérante ; la collecte des ordures est sporadique et le transport urbain est insuffisant. Il n'y a pas assez de demandes de constructions des maisons et d'appartement parce que les rares femmes et hommes qui ont un emploi sont sous-employés (ils travaillent involontairement moins de 35 heures par semaine) et sont mal payés. Le marché intérieur s'atrophie.

Dans les villages surpeuplés de paysans expropriés par les exploitants forestiers et les industriels miniers, la démographie galopante est une cause importante de la dégradation du capital naturel. La surexploitation mène à la stérilisation et la fertilité naturelle des terres n'a plus le temps de se reconstituer. Les rendements baissent, la déforestation avance, l'érosion se développe, les climats changent. Cela pourrait conduire à la désertification, par exemple, dans le Bas-Congo.

Pour sortir du cercle vicieux de la démographie galopante, il faut mettre en œuvre les politiques de limitation des naissances qui n'auront d'effets profonds que si elles s'inscrivent dans un contexte dynamique de développement, promouvant l'éducation générale, surtout des filles, le progrès économique des pauvres, etc.

Dans la constitution promulguée le 18 février 2006, le droit pour tous les Congolais de jouir des richesses nationales, le devoir de l'État de les redistribuer équitablement et de garantir le droit au développement est décrit dans l'article 58. Le droit à la vie, le droit de ne pas être soumis à un traitement cruel, inhumain ou dégradant est décrit dans l'article 16. Le droit à la liberté de pensée est décrit dans l'article 22. La constitution consacre le droit à l'information (article 24), le droit à la vie privée (article 31), le droit à la liberté d'association (article 37), le droit à se marier avec une personne de son choix et de fonder une famille (article 40), le droit à la santé (article 47), la promotion de la parité homme et femme et dans la vie privée, l'élimination des violences sexuelles et des discriminations à l'égard de la femme, la promotion et la protection des droits de la femme et l'adoption de mesures pour la pleine participation de la femme au développement (articles 14 et 15).

Les pays limitrophes de la RDC (Angola, Rwanda, Burundi, Ouganda) ont connu des conflits internes qui l'ont déstabilisé. Les guerres que la RDC connaît depuis 1996 ont plongé l'immense majorité de sa population dans une grande pauvreté, en dépit de ses ressources naturelles importantes convoitées par les pays limitrophes. De l'instabilité politique résulte une très forte incidence sur la pauvreté évaluée à 71,3 % en RDC selon les enquêtes menées à l'occasion de la rédaction du document de stratégie pour la réduction de la pauvreté (DSRP) en 2006, c'est-à-dire que plus de 71 % des Congolais vivent avec moins d'un dollar américain par jour et par personne.

Sur le plan humanitaire, la RDC est plongée dans des guerres successives depuis 1996, surtout celle dite « Guerre de libération » de 1996 et celle de 1998 dite « Guerre d'agression », en 2012 soit environ 15 ans des barbaries (massacres, viols, tortures, maladies, vols, pillages, jeunes exploités et sacrifiés) et de souffrance atroce pour la population congolaise, surtout à l'Est du pays. On avance le chiffre de plus de 6 millions de morts et plus de 1 million de réfugiés et déplacés de guerre. Les maisons des particuliers, les infrastructures communautaires (écoles, dispensaires, etc.) ont été détruites. La jeunesse est perdue dans sa quête d'un meilleur avenir et n'a aucun avenir professionnel. La modernisation et le développement dont parlent Guichaoua et Goussault (1993/2005) sont globalement un échec retentissant en RDC.

La réconciliation nationale est un impératif pour reconstruire le pays sur de nouvelles bases. Il faudra également une justice tant au niveau national qu'international pour sanctionner les crimes et les traîtres responsables de ces souffrances, de cette misère qui ne cesse d'amplifier. Dans l'ensemble, les Congolais ont pris conscience de la précarité de leur situation et de leur retard par rapport aux pays avancés politiquement, économiquement et socialement.

7.1 Environnement économique et social

Depuis décembre 2010, l'environnement général de l'économie est caractérisé par la consolidation de la reprise économique, la forte croissance économique (7,2 % contre 2,8 en 2009), selon la banque centrale du Congo (BCC, 2010 : 6) et l'atteinte du point d'achèvement dans le cadre de l'Initiative en faveur des Pays Pauvres Très Endettés (I-PPTE). L'inflation annuelle s'est située à 9,8 % contre 53,4 % en 2009. « Le profil de l'économie a été dominé principalement par le dynamisme affiché dans la branche d'activités extractives ainsi que modérément dans les secteurs de l'agriculture, du commerce et des constructions » (BCC, 2010 : 5), comme l'indique le tableau ci-dessous sur les taux de croissance en volume de différents secteurs et de leurs composantes (variations en pourcentage par rapport à 2009).

SECTEURS D'ACTIVITÉ	2008	2009 (p)	2010 (e)
A SECTEUR DES BIENS	4,7	3,5	8,2
1. Agriculture, sylviculture, élevage, pêche et chasse	3,0	3,0	3,0
2. Activités extractives et métallurgiques	11,4	2,5	24,6
3. Production et distribution d'électricité, de gaz et d'eau	-4,9	-1,6	0,8
4. Construction	3,8	9,1	9,4
B SECTEUR DES SERVICES	9,8	2,4	4,1
1. Commerce de gros et de détail	12,3	4,3	4,4
2. Transports, entreposage et communications	8,4	2,9	5,0
3. Services marchands	4,8	3,5	3,1
4. Administration publique et défense, sécurité sociale obligatoire Droit et taxes à l'importation	4,2	-23,0	0,1
PRODUIT INTÉRIEUR BRUT	6,2	2,8	7,2

Source : Banque centrale du Congo (2010 : 7). (p)= provisoire ; (e) = estimation

La croissance économique est établie à 7,2 % sous l'influence de la production minière influencée par l'embellie des cours des matières premières sur le marché mondial. La production du cuivre est en hausse, tandis que celles du diamant et du pétrole ont diminué en 2010. Le taux de croissance de revenu par tête (3 %) est inférieur à celui de la population (3,29 %) (BCC, 2010). En 2010, le pays reste essentiellement agricole. Cette prédominance de l'agriculture s'explique largement par la nécessité de fournir des produits de subsistance, par la faible productivité du travail dans le secteur agricole en RDC et par l'absence d'institutions et des capitaux permettant de créer un secteur non agricole important. L'indice de production agricole est resté le même. Les céréales (le riz, le blé, le maïs) et le manioc sont encore importés. Les causes de cette faible productivité sont nombreuses, notamment, l'insuffisance de moyens techniques permettant de surmonter certaines difficultés matérielles, l'absence d'utilisation des animaux de trait, l'absence de fertilisation, les vices de structures économiques et politiques comme les prélèvements amenuisent toute possibilité de progrès du monde rural. Dans ces conditions, lorsque la densité humaine augmente considérablement, la production ne peut plus satisfaire le minimum alimentaire vital. Le décollage effectif de la production agricole d'exportation (café, thé, etc.) tarde à venir. On expliquerait cet état des choses par la contraction de la demande mondiale et par le mauvais état des routes de desserte agricole dans l'arrière-pays (BCC, 2010).

Les activités en sylviculture (bois de chauffe, charbon de bois) sont en hausse. La demande énergétique des ménages s'est accrue en l'absence de l'électricité et du gaz. Les activités d'élevage (par exemple, les bovins) et de pêche ont connu un ralentissement. La chasse reste rudimentaire.

Le sous-développement congolais est un fait d'inefficacité économique, donc, un problème à résoudre. Le pays a encore des ressources naturelles permettant de faire face à l'expansion démographique galopante. Pour répondre à l'explosion démographique, la RDC devra nécessairement augmenter la productivité du travail et donc modifier les techniques de production. Cela lui permettra de redevenir solvable, d'investir et de créer des emplois. Le Congo est un marché non négligeable, mais il deviendra essentiel lorsque le développement s'accélèrera dans le pays tant du point de vue économique que social.

7.2 Développement social et emploi

La croissance économique est encourageante, mais elle n'a pas permis de créer suffisamment d'emplois et le niveau de pauvreté est encore préoccupant face aux exigences des Objectifs du Millénaire pour le Développement (OMD). D'après le rapport annuel 2010 de la BCC, le ministère de la Fonction publique a ramené son effectif à 1 136 000 de travailleurs (BCC, 2010 : 27), y compris les effectifs de l'Enseignement Primaire, Secondaire et Professionnel (EPSP). L'effectif du secteur privé comprenant les affiliés et non-affiliés à l'INSS (Institut National de Sécurité Sociale) a atteint 18 326 000 de travailleurs en 2010. Ceci porte à 19 462 000 de travailleurs salariés (55,6 %) en 2010 sur une estimation totale de 35 millions d'actifs dont plusieurs milliers connaissent le sous-emploi de façon durable. Le taux d'activité y est bas. Les jeunes instruits et qualifiés qui travaillent gagnent moins que leurs parents et ne pensent pas à s'en détacher. Ils n'ont pas d'indépendance financière. « Les niveaux des salaires en RDC sont parmi les plus faibles au monde. Ce qui explique un grand nombre de mécanismes de recherche de compléments de salaires par les fonctionnaires » (Matis et *alii*, 2008 : 32). Le sous-emploi est la règle. Les inégalités sociales sont le plus souvent accusées comme c'est le cas dans tout pays en développement. La majorité de la population vit difficilement. Il n'y a pas de crédit à la consommation ni de possibilité d'emprunt. Or, il n'y a pas de croissance économique sans dépense. La démocratisation politique et économique n'est pas encore engagée. Les pouvoirs de minorités dominantes et privilégiées sont exorbitants. Les Congolais n'ont pas réussi à développer les activités porteuses et créatrices d'emplois comme c'est le cas de la sous-traitance en Inde. Tous ces traits caractérisent le sous-développement. Ce dernier est une situation non satisfaisante caractérisée par la non-couverture des coûts de l'homme et par la disparité croissante des niveaux de bien-être. La précarité de la vie et les différents indicateurs socioéconomiques (pauvreté, éducation, santé, eau, électricité, salariat, emploi, etc.) montrent que la modernisation et le développement dont parlent Guichaoua et Goussault (1993/2005) ont échoué en RDC. La RDC n'a pas encore atteint un niveau acceptable d'ordre, de stabilité politique, d'efficacité dans l'administration publique. De plus, il n'y a pas d'infrastructures suffisantes. Dans son cas, toute tentative trop rapide de décollage économique mènerait au gaspillage de ressources rares par des investissements inefficaces dénommés les « éléphants blancs » et qui ont causé des déceptions et frustrations pernicieuses des Congolais sur le plan psychologique.

Que faut-il conclure des caractéristiques économiques et sociales de la RDC ?

L'unique prise en considération des caractéristiques du sous-développement ne suffit pas à donner à ce concept toute sa signification et surtout à en déceler les causes. Qu'est-ce qui empêche l'économie de la RDC de décoller ? Quelles sont les causes de blocage qui paralysent son développement économique et social ?

Pour comprendre le sous-développement en RDC, il faut analyser les mécanismes et le fonctionnement de son économie. Le déséquilibre de son économie par rapport aux économies industrielles plus développées peut permettre d'expliquer la pauvreté du pays. Le rappel des faits historiques de ce pays au début de ce chapitre montre qu'il a reçu plusieurs chocs détruisant l'équilibre ancien, décomposant les sociétés traditionnelles, détruisant les réalisations coloniales et postcoloniales, provoquant l'explosion démographique, etc. Ces mutations brutales ont eu souvent des effets de blocage ou de régression. Cette économie se caractérise par la superposition d'un secteur moderne et d'un secteur traditionnel sans aucune intégration. Ce dualisme rend la tâche difficile. De plus, dans une économie dominée par les intérêts des étrangers, les centres de décision économique sont extérieurs au pays. La nature de l'État congolais et la dépendance de son commerce extérieur hérité de la colonisation montrent qu'il est dominé par les pays industrialisés.

À notre avis, la désarticulation interne et la domination étrangère expliquent sa difficulté de sortir du sous-développement. Ce dernier résulte des forces de résistance aux impulsions nouvelles. L'économie de la RDC n'est ni stagnante ni stationnaire. Elle est dynamique et peut enregistrer des succès en une génération à condition de l'organiser et de mettre en place dans le pays des institutions fortes. « Contrairement aux théories biologiques et aux approches anthropologiques communes, il est affirmé que le processus de développement se retrouve dans toute société ouverte à l'industrialisation et au progrès et qu'il n'existe pas de stade final de développement qu'incarnerait aujourd'hui telle ou telle société » (Guichaoua et Goussault, 1993/2005 : 16). Le problème du sous-développement en RDC peut être résolu.

CHAPITRE I
PROBLÉMATIQUE ET CADRE D'ANALYSE

LA RDC, UN « ÉTAT FRAGILE »

Dans l'histoire des sociétés humaines, les institutions visent à réduire les coûts des échanges, à faciliter les interactions et actions humaines et à réduire l'incertitude. Bien entendu, elles influencent les comportements au niveau de la mobilité des ressources, des incitatifs en faveur de l'innovation, de l'accumulation des biens et de l'épargne. Mais, la RDC en est presque dépourvue depuis le 24 avril 1990, date à laquelle le régime monolithique de Mobutu a libéralisé l'espace politique. Le pays souffre d'un dysfonctionnement chronique et de la non-application des textes législatifs existants. Il n'y a de respect ni de la constitution, ni du code de la route, ni des coutumes.

Le pays est continuellement en proie à la guerre civile. Il est le théâtre tout à fait unique au monde d'interventions et d'ingérences innombrables de la part de ses voisins[24]. Combats, exactions, massacres, détournement des deniers publics, viols de femmes, vols font partie du lot quotidien des Congolais depuis le début de la guerre de l'Est en novembre 1996. Les fonctionnaires et les employés de quelques rares compagnies privées n'ont pas de salaire ou tout simplement celui-ci ne leur est pas versé régulièrement à cause de la pénurie des liquidités dans le circuit bancaire et de la baisse des recettes du budget en devises de la Banque centrale. La contribution de

24 Rwanda, Burundi, Uganda, Angola. La première guerre du Congo impliquant directement le Rwanda, l'Uganda et le Burundi s'est passée de novembre 1996 à mai 1997. Commencé en août 1998, la deuxième guerre du Congo ou conflit des Grands Lacs africains implique de près ou de loin environ une dizaine de pays de la sous-région. Elle oppose le gouvernement Kabila soutenu par l'Angola, le Zimbabwe, la Namibie et le Tchad, à la coalition formée par le Rwanda, le Burundi et l'Ouganda, qui s'appuie maintenant à la fois sur des Tutsis et des opposants politiques congolais de Kabila, le R.C.D (rassemblement congolais pour la démocratie). Cette coalition réussit alors à prendre le contrôle d'une partie de l'est et du nord du pays et ne tarde pas à exploiter les richesses. La coalition ne tient pas parce que Rwandais et Ougandais ne s'entendent pas sur le partage des ressources minières.

la Gécamines en effondrement au budget de la Banque centrale a considérablement diminué (Mabi, 2011 : 358). Lorsque le salaire est versé, il est insignifiant[25].

Depuis la première élection de Joseph Kabila à la magistrature suprême, la RDC vit au rythme de ce qu'on peut appeler « une politique de la reconstruction » dénommée : « les cinq chantiers » dont on connaît l'aboutissement. Ce que les chantiers de Kabila ont révélé, c'est que la politique de la reconstruction ne vise pas le Congolais (l'homme), mais la réhabilitation des infrastructures matérielles. Mais peut-on fonder le vivre-ensemble sur les infrastructures matérielles en priorité ?

Les pratiques ouvertes de prédation mises en œuvre par les régimes[26] *mobutiste* et *kabiliste* ont réduit considérablement le pouvoir de l'État, cette structure institutionnalisée de domination et de coordination du maintien de l'ordre et des activités de développement. Pendant ce temps, les malades se prescrivent eux-mêmes les médicaments (automédication) sans pouvoir consulter un quelconque médecin. Les voyages par voies routière, ferroviaire et fluviale sont pénibles à cause du délabrement avancé des infrastructures. Les questions de l'accès à l'eau potable et à l'électricité, de l'emploi, de la santé ou des infrastructures sont toujours en suspens. Le service public ne fonctionne pas de façon cohérente. Le pays est au bord de l'abîme. La problématique du sous-développement se transforme ainsi naturellement en problématique de modernisation. Modernisation et développement sont eux-mêmes synonymes d'industrialisation et de croissance économique que la RDC recherche depuis 54 ans d'indépendance politique. Le plus souvent lorsque les sociologues parlent de la modernisation, ils insistent sur la problématique de la modernisation et ses aspects socioculturels (relation entre processus de socialisation et transmission des valeurs, généralisation de la scolarisation et ouverture aux médias, rôle et impact des nouveaux lieux de socialisation liés à l'urbanisation, croissance du salariat), alors que les économistes portent leur réflexion sur le développement pour en déterminer des indicateurs, identifier les causes et les mécanismes, en rechercher les issues (Guichaoua et Goussault, 1993/2005).

Sous l'influence des théories de la croissance par étapes[27] (Rostow, 1953), le développement est conçu comme un processus évolutif continu. D'où l'importance de la nécessaire modernisation, au plan économique, social, institutionnel, idéologique, des structures attardées des pays en développement afin de combler l'écart avec les

---

25 Le 30 juillet 2012, le salaire versé à un enseignant du primaire est de 70 000 Francs congolais soit environ 73 $ US (1 $ US = 959 FC). Le revenu national par tête d'habitant est de 291 $ US en 2010 (PNUD, 2010).

26 Un régime est une série de règles fondamentales portant sur l'organisation de la sphère publique. Il fournit le cadre structurel au sein duquel sont réparties les ressources (Easton D. cité par Hyden, 1992 : 10). Il ressemble à la maison dans laquelle on vit : on souhaite qu'elle soit solide et agréable.

27 Chapter II. The five stages-of-growth.

pays industrialisés (Guichaoua et Goussault, 1993/2005 : 15). Tout au long de ce travail, nous verrons ce qu'il en est pour la RDC.

CADRE D'ANALYSE : LA RDC, UN « ÉTAT FRAGILE » AUX INSTITUTIONS INEFFICACES FACE AUX PLANS D'AJUSTEMENTS STRUCTURELS ET AU TRIOMPHE DE L'ÉCONOMIE-MONDE

Nous voulons, dans ce livre, analyser les faiblesses de l'État congolais, la faible fonctionnalité de ses institutions dans une économie-monde triomphante au détriment des coopératives et autres organisations sociales (secteur privé non extractif) susceptibles de contribuer à la promotion du plus grand nombre de la population congolaise. On peut avoir l'organisation (administration, entreprise privée, coopérative) la plus efficace, mais elle ne peut fonctionner en l'absence d'un État viable. L'État mérite d'être étudié et compris dans un contexte où l'on veut faire du secteur coopératif l'un des supports du développement économique et social. Les données historiques, politiques, économiques et sociales, les observations directes de terrains de 1993 à 2012 nous informent de cette situation qui prévaut en RDC. Ce cadre d'étude nous permettra d'apporter un éclairage singulier sur la résilience des individus qui se regroupent par nécessité pour survivre dans un environnement où les politiques de rigueur font beaucoup de victimes. Nous proposons d'étudier les trois dernières décennies années allant de 1990 (fin du système du parti unique) jusqu'en 2012 (recueil de dernières données sur le terrain). Le régime politique actuel est multipartite, mais ressemble beaucoup aux régimes défunts autoritaires[28] de Mobutu ou de Houphouët Boigny (Gazibo et Jenson, 2004).

Depuis la fin de la guerre froide, le Conseil de sécurité de l'ONU, les industries extractives et le Conseil mondial des entreprises pour le développement durable encouragent les entreprises minières privées occidentales à exploiter les ressources naturelles partout où elles existent dans le monde, puisque « la croissance actuelle et future et la viabilité du secteur privé mondial en dépendent[29] » (GRAMA, 2004 : 19). Dans cette logique des affaires mondiales, l'affaiblissement de l'État congolais, de ses institutions, son instabilité relèverait de la « gouvernance internationale » telle que gérée par le Conseil mondial des entreprises pour le développement durable, le

28 Un système politique non démocratique dans lequel le pouvoir politique reste aux mains d'un seul individu et son parti politique. L'opposition politique y est exclue. Les arrestations des opposants y sont arbitraires et leur emprisonnement se fait sans procès judiciaire. Ce n'est pas un régime totalitaire.

29 Citation tirée du Mémorandum déposé au ministère des Finances du Canada dans le cadre de la consultation de la Commission Afrique pour le développement de l'Afrique par le Groupe de recherche sur les activités minières en Afrique (GRAMA).

Conseil de sécurité des Nations Unies (ONU) et de la gouvernance nationale telle qu'elle est imposée par la Banque mondiale (BM) et le Fonds monétaire international (FMI), qui poussent les régimes successifs de Kinshasa à libéraliser l'économie nationale « à l'occidentale » et à adopter la pluralisation de la vie politique (les partis politiques, le partage du pouvoir avec les associations issues de la société civile).

De 1982 à 2010, la RDC a mis en œuvre plusieurs programmes d'ajustements structurels[30] (PAS) avec le FMI, la BM. Cette libéralisation de l'économie permet aux entreprises américaines, anglaises, canadiennes, belges, françaises, allemandes, néerlandaises, sud-africaines, australiennes, néo-zélandaises, chinoises, japonaises présentes en RDC de faire des affaires juteuses au profit de l'« économie-monde » (Braudel, 1985), c'est-à-dire une partie du monde, notamment, l'Occident. Les entreprises citées ci-dessus y extraient notamment du cuivre, de l'uranium, de l'or, du diamant, du *coltan*[31] ainsi que des minerais rares comme le germanium. Souvent, l'or, le diamant et le *coltan* sont exploités et commercialisés frauduleusement par les étrangers. Dans ce contexte d'exploitation des ressources naturelles, les Congolais ne parviennent pas à tirer profit de ces richesses naturelles, et ce, cinq décennies après avoir acquis l'indépendance politique. Dans chaque téléphone cellulaire produit actuellement, dans chaque satellite ou avion qui prend le vol, dans chaque blindé produit aujourd'hui, il y a des métaux congolais (le coltan, l'or, le cuivre, le diamant, l'étain, l'uranium, etc.). Des usines d'aviation et d'armement d'Angleterre, d'Amérique, du Canada, d'Afrique du Sud, d'Australie, d'Israël tournent au quotidien et attendent les métaux congolais. Dans les travaux d'exploitation, ces entreprises sont soutenues par les travailleurs congolais. Les agents de l'« économie-monde » ont tous ces métaux puisés du sous-sol congolais, mais les Congolais, dont l'immense majorité vit encore de l'agriculture vivrière et du secteur informel en 2013 vivent dans la pauvreté : privation, souffrances sans nombre, chômage et sous-emploi. Les services sociaux sont réduits au strict minimum. La pénurie de médicaments dans les dispensaires est fréquente. Programmes agricoles et pratiques coopératives dont les Congolais peuvent effectivement bénéficier sont délaissés. L'administration publique, les travaux publics nécessaires aux besoins ruraux et urbains sont abandonnés (Young et Turner, 1985).

Ndaywel (1998) et Mazalto (2002) observent que, depuis les années 1990, les entreprises multinationales ne font pas grand-chose pour que les Congolais qui produisent les métaux reçoivent des vivres, des médicaments, des pagnes, des robes, des

30 Dès qu'un pays est en programme, il n'a plus de politique économique autonome. Toute politique qu'il veut mettre en œuvre se fait en concertation avec les institutions financières internationales et les autres partenaires.

31 La guerre en RDC a révélé qu'une des raisons de sa persistance est l'exploitation frauduleuse du *coltan.*

bijoux pour leurs femmes et leurs enfants, des pantalons pour les hommes, et aussi des marmites et des casseroles. La récompense qui leur est donnée c'est la modicité du salaire, mais aussi la rareté des tissus, des objets de ménage, etc.

PERTE DE SOUVERAINETÉ ET ENDETTEMENT

La dette extérieure [32] laissée par le régime Mobutu a été annulée. La crise de la dette extérieure créée a fait classer la RDC parmi les « pays pauvres très endettés » (PPTE) et renforce la thèse fondamentale de la dépendance. Les pays industrialisés ont, de fait, institué, à leur profit, un transfert « négatif » expliqué en partie par un échange international inégal (Amin et Vergopoulos, 1974), mais aussi par le gonflement du paiement d'intérêts et par le rapatriement des profits (Mabi, 2011). Cette situation est la conséquence des choix politiques de rattrapage économique inadaptés[33] effectués durant les années 1970-1980, des choix économiques non productifs[34] minés par la corruption à grande échelle de 1973 à 1974 (Willame, 1986), de la *Zaïrianisation*[35] et du choix du libéralisme[36] économique en 1982, sans créer au préalable un modèle adapté aux réalités du pays. C'était « la fin de l'histoire » comme disait Fukuyama (1992) dans son ouvrage culte du libéralisme et de la fin des idéologies.

La grande conséquence d'application de toutes ces mesures économiques non appropriées au contexte de la RDC est la disparition de la classe moyenne (les revenus intermédiaires), pilier de l'économie moderne. L'ambition affichée par le pouvoir de

32 La RDC a bénéficié d'un allégement de dette de 12 milliards de dollars américains sur 14 pour la récompenser de ses efforts en faveur de l'État de droit et de la bonne gouvernance. En 1990, la dette était de 7, 7 milliards. Comme les intérêts sont capitalisés, elle atteint 14 milliards de dollars américains en 2000. Se reporter à *Congo-Afrique*, n° 448, octobre 2010.

33 Le pouvoir monolithique du Mouvement populaire de la révolution (MPR) sous Mobutu et de l'Alliance des forces de libération sous Kabila (AFDL caractérisé par le manque de respect (l'inapplication) du principe de redevabilité (*accountability*) en gérant les ressources publiques sans rendre compte au parlement, ni à la population elle-même.

34 Comme le barrage d'*Inga*, la ligne de transport de l'électricité *Inga-Shaba*, la sidérurgie de *Maluku*, la cité de la Voix du Zaïre, le Centre du Commerce International du Zaïre (CCIZ), le grand concentrateur des mines de *Kamoto, la SOFIDE (Société de Financement du Développement)*. Ces équipements mort-nés appelés les « éléphants blancs ». La ligne de transport de l'électricité *Inga-Shaba* représentait 30 % de la dette extérieure avant sa réduction en 2010 (Mutamba, 2010 : 70).

35 Le MPR voulait donner le pouvoir économique aux nationaux non préparés aux affaires (les dignitaires du régime en place) et l'attribution des biens expropriés aux étrangers (biens *zaïrianisés*) était fondée uniquement sur le clientélisme.

36 Le libéralisme vise à émanciper les personnes des déterminations transcendantes et des sujétions définies par un statut acquis à la naissance. Il définit un mode d'organisation des pouvoirs dans la cité, découlant du principe selon lequel chaque citoyen dispose d'un droit égal. Celui-ci se traduit par la liberté d'expression et par la procédure de la démocratie représentative (Kempf, 2009 : 69).

l'époque était de favoriser l'émergence d'entrepreneurs locaux, de créer les emplois et d'améliorer les revenus des travailleurs. Mais, les moyens pour y parvenir n'étaient pas clairement expliqués. Les élites du Congo émancipé et les initiatives prises n'ont pas permis de satisfaire les besoins issus de la gestion coloniale de 1908 à 1960 : la naissance d'une bourgeoisie congolaise ayant un pouvoir économique parce qu'elle détient des moyens de production au moins en partie.

CAPITALISME SAUVAGE OU CAPITALISME PRÉDATEUR

Le libéralisme économique adopté précipitamment en 1982, sans mesure d'accompagnement, s'est métamorphosé dès le début en « capitalisme sauvage[37] » avant la fin de la décennie 80 et après, parce que les Zaïrois/Congolais en position d'autorité dans le parti-État, les administrations nationale, régionale et les municipalités créaient des affaires privées (écoles privées, polycliniques, compagnies de gardiennage [sécurité], minoteries, brasseries, hôtels, commerce de gros, commerce de détail, etc.) avec les deniers publics et s'enrichissaient de jour en jour au détriment de la population. L'option choisie faisait émerger le secteur privé non coopératif (extraction des ressources naturelles) et s'explique par le fait que dans la représentation des élites politiques (d'abord, les caciques du MPR[38], puis ceux de l'AFDL[39] de Kabila père et fils) et économiques congolaises et de leurs alliés occidentaux, la seule voie de développement est celle qui conduit à accroître toujours plus la richesse. Curieusement, rien n'a été fait pour que les Congolais qui vivent de l'agriculture vivrière puissent produire des richesses en agriculture commerciale en créant les plantations de palmiers, les champs vastes de soja, les plantations de café, etc. qui résorberaient le chômage. Le développement de l'agriculture commerciale exigera la mise en œuvre du principe « l'union fait la force » et les producteurs entrepreneurs créeront des coopératives de production, de transformation, de vente, de consommation, de crédits, etc. C'est dans le domaine agricole regroupant la majorité de la population, que s'impose avec plus de force la nécessité d'une coopération. Ainsi, la coopération peut remédier à des inégalités générées par l'économie dominante et la population sera

37 Au Zaïre, la criminalisation de l'économie englobait un système de faux monnayage en imprimant de billets de banque par la firme de sous-traitance Egimex, dirigée par le libanais Khanafer (un proche de l'entourage présidentiel) ; les activités privées d'éducation, de la sécurité et de la santé ; la contrebande de l'or, du café, de l'ivoire et du cobalt. Avec la privatisation des biens publics, l'État est dépossédé de ses moyens (entreprises, taxes et impôts) au profit des élites et des groupes étrangers alliés au régime politique en place. Se reporter à Kabuya L (1995). « Crimes économiques : quelle stratégie pour une répression efficace ?, *Notes de conjoncture*, n° 21.

38 Contrairement à la devise du MPR « *Servir, et non se servir* », les élites politiques privilégiaient leurs intérêts personnels.

39 Alliance des Forces pour la Libération du Congo

intégrée au marché dominant. Pour être efficace, le marché doit être le plus grand possible (Smith). Dans cette logique, l'État a intérêt à voir les acteurs associatifs en position de faiblesse se réorganiser. Pour lui, l'avantage des organisations associatives est de faire prendre en charge par les producteurs eux-mêmes la réorganisation de leurs activités productives qu'implique la modernisation. Les banques délaissent le crédit aux petits producteurs agricoles. L'État doit venir en aide à leurs associations en élaborant une politique de crédit. Les associations des petits producteurs ne perdront pas pour autant leur autonomie et ne seront pas des excroissances de l'État.

De Joseph-Désiré Mobutu à Laurent-Désiré Kabila, puis, à Joseph Kabila, aucune initiative n'a été entreprise pour développer l'agriculture commerciale, ni pour assurer le bien-être des Congolais ordinaires. Les élites ne pensent qu'à leurs avantages personnels en utilisant leurs fonctions formelles pour s'enrichir de façon informelle. Elles gaspillent de façon ostentatoire (Veblen, 1899/1970) des millions de dollars dans l'acquisition des biens de luxe (résidences privées, appartements acquis dans les pays occidentaux, voitures de marque Mercédès, bijoux), leur mode de consommation exerce encore aujourd'hui une attraction sur l'ensemble de la société et particulièrement sur les revenus intermédiaires.

Hier, quand ces élites s'embourgeoisaient aux dépens de l'État en favorisant de plus en plus le développement du secteur privé extractif dans lequel les étrangers sont dominants, au détriment du secteur coopératif (mutuelle de santé, coopérative agricole, crédit et épargne, usines de transformation, autres groupes d'intérêts) susceptible de favoriser l'amélioration des revenus du plus grand nombre de travailleurs agricoles et d'artisans qui constituent la majorité de la population active du pays.

Dans la dynamique du libéralisme économique en cours en RDC, les acteurs non étatiques ont remplacé l'État dans ses fonctions. Pour notre part, cela représente la démission des gouvernements successifs d'hier à aujourd'hui. Dans ce contexte, les intérêts des « Grands[40] » œuvrant dans le secteur privé extractif (non coopératif) primaient sur ceux de la nation tout entière. De même si le secteur coopératif relève du privé, il se dégradait progressivement, puisque les initiatives d'agriculteurs, d'artisans, de petits commerçants détaillants appauvris ne pouvaient décoller, faute de compétence et d'encadrement. Mais les regroupements ou pratiques associatives étaient toujours omniprésents. Le pouvoir du MPR (Mouvement populaire de la révolution) a tenté de les récupérer et de les réorganiser pour en faire une excroissance du parti-État et du PNUD.

Erpicum (2010 : 458-459) observe avec justesse :

40 Les élites politiques, les dirigeants d'entreprises, les élites intellectuelles, des trafiquants, des commerçants, les affairistes de tout bord constituant la minorité bourgeoise.

À partir de 1987, le Ministère du Plan, soutenu par le PNUD, avait convoqué des réunions pour pousser les ONGD[41] à s'organiser et à s'intégrer dans le plan de développement du pays. L'idée de structurer le mouvement ONG était excellente en soi. Ce qui posait le problème, c'était la manière de procéder : le Ministère du Plan et le PNUD ont proposé une démarche « d'en haut », exactement à la manière du Mouvement Populaire de la Révolution (MPR). C'était la culture du Parti unique ! Cela ne m'a pas étonné. Ce qui était plus inquiétant, c'est le fait que les « principaux responsables d'ONGD », invités aux rencontres, adhéraient sans problèmes à ce schéma.

La politisation de toutes les structures sociales, le développement du « capitalisme sauvage[42] », et leur « prise en otages » ont dilué l'idée de service public. Les élites ont-elles compris la notion du développement ? Celle-ci tient au fait qu'elle reconnaît des facteurs d'émancipation en lieu et place de « mentalités attardées ». Les « Grands » se servaient au lieu de servir les gens ordinaires. Ainsi, les arriérés de salaires s'accumulaient pour les petits fonctionnaires ; les masses populaires étaient abandonnées à elles-mêmes (travailleurs agricoles, petits salariés du secteur privé, ouvriers, des salariés sans salaire au chômage) et la situation s'est aggravée à la suite des pillages de 1991 et de 1993. Auparavant, des milliers de petits commerçants avaient fait faillite à la suite de la démonétisation[43] de 1977, de la réforme monétaire de 1993 (sous le gouvernement Birindwa) et ils ont été paupérisés en l'absence d'un secteur coopératif structuré, digne de les accompagner dans leurs activités productives, des services et dans l'artisanat.

Ce que l'on observe dans ce cas précis, c'est qu'il n'y a pas de différenciation claire, qu'il y a au contraire une interpénétration entre l'État, le système politique et des ONGD membres d'une société civile encore faiblement organisée et non autonome. La fonction de ces ONGD n'est pas d'exercer la coercition, mais d'établir un consensus. Leurs dirigeants ne peuvent pas mener une lutte « contre-hégémonique » dans le cadre de la société civile. La formation de cette société civile est handicapée en même temps par la permanence des solidarités traditionnelles et par le sous-développement et la dépendance de l'activité économique. La société civile congolaise peut-elle se former dans un État dont la construction n'est pas achevée ? La construction inachevée de l'État ne peut-elle pas expliquer en partie les échecs

41 Organisation non-gouvernementale de développement.

42 C'est la kleptocratie. Autrement dit le vol systématique de biens publics (BAYART, J.-P., Stephen ELLIS, S. et HIBOU, B. [1997]).

43 Cette opération avait pout but de combattre la thésaurisation des billets de banque. Le conseil exécutif voulait obliger les petits commerçants à utiliser le circuit bancaire. Mais, les effets pervers étaient ravageurs.

du développement mis en œuvre depuis 1960 ? En attendant la relance du développement inclusif, les Congolais se prennent en main.

RÉSILIENCE

Même si les usines, les petits commerces, les brasseries et les activités en amont et en aval de chacune de ces filières ont fermé les portes les unes après les autres, les masses populaires ne se sont pas résignées. Par nécessité, elles ont tenté de se regrouper en récréant des associations pour répondre à certains défis et en faisant de l'artisanat. Les microréalisations sont apparues à cette époque, comme une alternative viable aux onéreux programmes nationaux menés par la coopération internationale. Les ONG (organisations non gouvernementales) insérées dans des réseaux clientélistes catholiques et protestants acquièrent une reconnaissance internationale. L'acteur polarise l'attention des chercheurs (de Sardan, J.-P. , 1995).

Durant cette période, nous avons observé que, dans les périphéries de Kinshasa, à Matadi et à Boma, le ramassage des ordures, l'entretien de certaines rues ou la lutte contre l'érosion étaient pris en charge par les habitants et certaines associations. Quelques habitants nantis réhabilitaient par leurs moyens personnels un caniveau, par exemple. En dépit des zizanies sporadiques, dans les trois villes citées précédemment, les mères marchandes ou jardinières participaient au *likelemba* (la ristourne) et certains pères de famille faisaient vivre, par solidarité, six ou dix personnes avec un revenu mensuel moyen inférieur à cent dollars américains (Makungu, 2006).

En effet, même aujourd'hui, la majorité de la population s'investit, résignée, dans des activités informelles qualifiées de secteur « poubelle » par J.P. Peemans (1997). En dépit de ces limites, en RDC, le développement du secteur coopératif ou communautaire demeure, en RDC, une alternative crédible au développement du secteur privé. Les Congolais pourraient s'appuyer sur les regroupements sociaux pour réinventer celui-ci. Comme ailleurs dans le monde, la société civile serait la principale source motrice (Gadrey, 2010), à condition qu'elle sache mobiliser l'épargne nationale en premier.

À notre avis, il conviendrait de soutenir ce type d'initiatives afin de faire émerger le secteur coopératif. Il nous semble possible de regrouper ces acteurs sociaux pour mener des actions communes. Les regroupements préexistants constituent des noyaux pré-coopératifs à partir desquels les Congolais peuvent réinventer la coopération agissante afin d'arrêter la tendance à la paupérisation qui se poursuit :

> Près de 71 % de la population vit en dessous du seuil de pauvreté et, dans certaines régions du pays, les niveaux de pauvreté dépassent 80 %. Dans le classement de l'Indice de Développement Humain (IDH) des Nations Unies en 2011,

le pays occupe la dernière place, soit la 187e position sur une échelle de 187 pays (Matata, 2012).

Si le secteur coopératif émerge, l'investissement dans les 71 % de 35 à 37 millions d'actifs sur les 69 millions d'habitants actifs peut profiter à toute la population dans le pays, dans la sous-région et ailleurs dans le monde. Si ces Congolais sortent de la pauvreté en accroissant leurs revenus, ils achèteront des téléphones portables, des vélos, des motocyclettes, des automobiles, des vêtements, des radios, des téléviseurs et se connecteront à l'Internet. Le marché intérieur s'élargira. Cette croissance offrira des opportunités considérables aux pays qui disposent d'un savoir technologique comme le Canada, la Belgique, la France, l'Allemagne, la Grande-Bretagne, les États-Unis, le Japon, l'Australie et tous les pays émergents (Afrique du Sud, Brésil, Chine, Russie, Inde).

Durant les trente dernières années, il y a eu quelques avancées dans le pays, notamment, des activités productives non structurées, des associations et des ONG formelles encadrant les masses laborieuses, quelques ateliers de fabrication des biens durables, etc., mais le bilan est globalement négatif. La pauvreté se répand très rapidement tant en milieu rural qu'en milieu urbain. La plupart de ceux qui ont réussi (matériellement), évolué et grandi durant cette période sont motivés surtout par l'intérêt personnel (enrichissement rapide, accumulation des avantages), l'ascension sociale (promotion rapide, tendance à l'ostentation, montrer la puissance à leurs concitoyens) et le prestige personnel (consommation somptuaire, vanité liée à la splendeur et désir de se démarquer de la misère de ses compatriotes). Ainsi, les tensions sociales sont vives et les conflits sur fond de classements sociaux et rivalités se multiplient pour la domination et le pouvoir. On assiste, le plus souvent à une recherche du pouvoir pour le pouvoir, sans ambition d'améliorer le bien-être du plus grand nombre de la population. La minorité prospère dans « le capitalisme sauvage ». Au fil des années, les inégalités s'aggravent et ruinent la cohésion sociale. Ainsi, la société congolaise est fragmentée. Dans ce contexte, comment réinventer des solidarités pour sortir du conditionnement psychologique de « l'individu est tout », de l'intérêt personnel et que faire pour inverser les tendances à favoriser le développement du secteur privé non coopératif uniquement sans l'équilibrer ou l'accompagner d'un développement à grande échelle du secteur coopératif ?

L'hypothèse que nous défendons dans ce livre est que la RDC ne se développera pas sous le règne du « néolibéralisme sauvage[44] » actuel : les sujets du développement ne sont pas les populations rurales et urbaines, ni le pays lui-même, mais

44 Un système qui liquide les droits sociaux de base dans le monde et qui n'enrichit qu'une minorité (les actionnaires et les oligarques).

l'« économie-monde » (l'économie d'une partie du monde, donc l'Occident) (Braudel, 1985 et Wallerstein, 1996). Le développement du secteur privé non coopératif ne permettra pas à lui seul de sortir des crises politiques, économiques et sociales. Avec des institutions efficaces, les Congolais devront réinventer des solidarités en récréant les structures collectives ou coopératives permettant d'encastrer ou d'enserrer toutes les activités économiques dans les relations sociales (Polanyi, 1983 et Granovetter, 2000). C'est en établissant des liens sociaux dans les communautés que les Congolais créeront des structures sociales (coopératives, mutuelles, fonds de crédits, bureaux d'études, etc.) susceptibles de créer des opportunités économiques. Il apparaît que le développement d'un large secteur coopératif pourra contribuer à amener une grande majorité de la population à s'en sortir. La cohésion sociale réduira les difficultés économiques et sociales. Elle permettra de créer des réseaux de services utiles. Grâce à cet élan coopératif, les Congolais initieront les activités qui favoriseront le développement social et économique durable. Le secteur coopératif sera ainsi capable d'éduquer, de collecter une importante épargne de la population, d'accorder des crédits aux adhérents, de faire passer les Congolais les plus entreprenants, par exemple, de l'agriculture vivrière à l'agriculture commerciale. Un secteur coopératif innovateur, bien structuré et bien géré permettra un changement social significatif des conditions matérielles des populations rurales et périurbaines qui représentent 75 à 80 % de la population du pays. Le déficit social et économique important du pays sera comblé et émergera une classe moyenne importante, pourvu que les institutions soient fonctionnelles et que le cadre macro-économique soit bien géré (monnaie stable, inflation faible, sécurité juridique rassurant les créateurs et entrepreneurs, etc.). Un environnement politique et économique sain (le climat des affaires), non conflictuel sera un grand atout pour le maintien et le dynamisme d'activités socioéconomiques. Les entrepreneurs et les petites affaires dynamiques qui émergeront contribueront à la croissance du marché national et à l'élargissement d'un secteur privé équilibré. Les regroupements des travailleurs manuels et des artisans ont un potentiel de développement considérable pour l'économie sociale[45] et solidaire[46].

45 L'économie sociale recouvre une large réalité à la fois une et multiple. La majorité des initiatives fondées dans les années soixante-dix et quatre-vingt se réfèrent à une alternative qui remet en question l'ensemble des institutions sociales et économiques : l'entreprise et son organisation, le marché, l'État, mais aussi souvent les croyances, la famille et l'éducation (Draperi, 2009 : 49)

46 L'économie solidaire est une démarche de développement durable construite à partir des pratiques de terrain.

LA COOPÉRATION AGRICOLE ET LA QUESTION FONCIÈRE

L'existence d'un secteur coopératif dans un pays où règne le « capitalisme sauvage » ne peut pas être bien vue que par un pouvoir politique prédateur. Il se méfie de ses initiatives ; il se moque de son amateurisme, de son manque des moyens financiers et matériels. L'affirmation de ce mouvement face à ce pouvoir politique n'est pas facile. Certes, si le secteur coopératif émerge, le secteur privé extractif ne sera plus dominant dans le pays. Mais, il demeurera prospère.

Pour que le mouvement coopératif se développe, il faudra résoudre la question foncière dans les milieux paysans autochtones, par exemple au Mayombe dans le Bas-Congo. Les structures anciennement coloniales comme l'Église catholique, le centre de recherche scientifique (INERA), certains propriétaires expatriés et les nouveaux entrepreneurs chinois continuent à monopoliser des superficies immenses des terres cultivables.

En RDC,

> l'Église catholique est, sans doute après l'État, le premier propriétaire foncier du Congo. Elle a profité de la situation coloniale pour se faire attribuer des terres, généralement riches et bien exposées, proches des moyens de communication, sans indemnités ni compensations aux premiers occupants (Le Roy, 2007 : 11).

Ces terres étaient considérées lors de l'occupation coloniale comme des terres vacantes et sans propriétaire. Mais, pour les autochtones colonisés, les terres cédées aux entrepreneurs européens ou à l'Église catholique n'avaient pas été vendues. Ils se considèrent comme propriétaires. Cependant, l'Église dispose des titres fonciers véritables, mais sans le droit d'aliéner[47] librement les terres acquises ou les territoires expropriés :

> … c'est le titre qui rend la propriété respectable ; c'est la défense faite à l'homme de toucher à ce qui appartient à un autre, sans le consentement du propriétaire… mais les hommes ont voulu posséder exclusivement ce qu'ils avaient reçu pour en jouir en commun. Il a fallu dès lors que l'art inventât des limites, et que la justice les rendît sacrées. Voilà le vrai fondement de la société, et l'objet comme la source de toutes les lois… (Le Roy, 1991 : 28.)

47 Aliéner c'est rendre étranger ou faire sortir définitivement du groupe, en vendant un bien à un étranger au groupe ou non membre de ce groupe.

Cette citation fait ressortir une tension entre les lois écrites et les lois coutumières qui se transmettent de génération en génération. Cette tension rend la situation complexe.

Iwewe (2007 : 13) considère que ces terres, depuis qu'elles ont été spoliées en 1889 aux populations locales, constituent un contentieux. Jusqu'à présent, les espaces acquis n'ont pas été rétrocédés, et la législation foncière nationale n'a pas encore cherché à résoudre ce contentieux.

La voix du paysan (2010 : 4) dénonce la confiscation, depuis 1923, des terres dans le *Bas-Congo* par un planteur belge des palmiers et un éleveur de gros bétail, et la compagnie sucrière de *Kwilu-Ngongo*. De même, le Centre de recherches agronomiques occupe d'immenses terres au détriment de la population autochtone en croissance. Plus de cinquante ans après l'indépendance, rien n'a changé. Les paysans autochtones et héritiers fonciers ne profitent pas directement des bénéfices tirés de l'exploitation de ces terres spoliées. Face à la crise qui sévit, les ressortissants des différents villages « revendiquent le retour des terres aux autochtones qui se disent propriétaires traditionnels ou "coutumiers", mais sans titres » (Le Roy, 2007 : 12).

Depuis la conquête du pays en 1885 par le roi de Belges (Ndaywell, 1998 ; Hochschild, 2010) et par la Belgique colonisatrice de 1908 à 1960, toutes les terres jugées vacantes font partie du domaine privé de l'État. Dès cette époque, sur papier, les chefs des terres et les héritiers propriétaires n'avaient plus de pouvoir sur celles-ci, mais, en réalité, les chefs des terres conservaient tout le pouvoir foncier.

De fait, l'État dispose, lui, de toute l'autorité foncière et des prérogatives qui l'habilitent à aliéner les terres, mais il n'a pas la force de le concrétiser dans le pays entier, puisque les chefs des terres peuvent s'y opposer. Selon Mungangu (1997 : 56-57), l'État colonial belge a acquis les terres en bafouant les droits fonciers des paysans autochtones. Cependant, ces dernières années, sans consulter les autochtones, fonctionnaires et représentants des propriétaires coutumiers vendent des forêts et des savanes à des exploitants miniers nationaux et étrangers qui parfois n'ont ni les moyens, ni les technologies nécessaires pour leur mise en valeur (Gorus, 2009). Cet imbroglio est causé par le dualisme de la loi foncière du Congo. Personne ne peut accéder légalement à la terre sans l'accord de chefs de terre traditionnels. Ni la loi *Bakajika* de 1966 ni la loi foncière de 1981 n'ont mis fin à l'existence des chefs traditionnels (Mathieu et Mafikiri, 1999 : 37 ; Le Bris, Le Roy et Mathieu, 1991 : 146). D'après Pain (1984), les chefs traditionnels subsistent. Ils se réservent même certaines prérogatives et cohabitent avec le nouveau pouvoir public grâce à un *modus vivendi* qui n'est prévu par aucun texte législatif. La rencontre des deux logiques traditionnelle (congolaise) et moderne (belge), le déplacement rapide et important de population, les opérations d'aménagement de l'espace, l'emboîtement et la superposition de droits fonciers multiples sur un même espace débouchent sur des conflits fonciers (Iwewe , 2007 ; Mathieu, Mungangu, Mafikiri, 1999 : 35-35).

Les acquéreurs des terres en accumulent de plus en plus au détriment des autochtones qu'ils exploitent comme main-d'œuvre corvéable et bon marché. Par exemple, sans respect des règles coutumières et avec la complicité des chefs des terres, des héritiers autochtones et des fonctionnaires chargés du foncier, les compagnies étrangères accaparent des terres. Certains nationaux fortunés détiennent également de grandes superficies des terres où ils établissent des plantations des palmiers ou y coupent du bois (Iwewe, 2007) qu'ils exportent vers l'Europe et le Moyen-Orient. La zizanie s'installe dans les villages. Les indigènes pauvres, qui cultivent des portions des terres éparpillées dans l'espace, ne savent plus à quel saint se vouer. Pis, l'exiguïté des terres ne permet pas aux autochtones de faire des rotations de culture pouvant leur permettre de couvrir leurs besoins vitaux, d'accéder à la nourriture en tout temps et en quantité suffisante, d'approvisionner les marchés locaux. Ils ne peuvent pas faire des projets d'agriculture commerciale comme les plantations de palmiers à huile. Le découragement et la pauvreté les poussent à l'exode vers les villes où ils sont en proie au chômage.

Dans ce contexte se constituent les associations des autochtones pour lutter collectivement contre cette domination. Le mouvement social émerge dans le district du Bas-fleuve et ailleurs dans le pays.

Sur le foncier en RDC, les connaissances sont assez avancées (Iwewe , 2007 ; Mathieu, Mungangu, Mafikiri, 1999) ; (Mathieu et Mafikiri, 1999 ; Le Bris, Le Roy et Mathieu, 1991). D'après Pain (1984). Iwewe rappelle que la terre, en RDC, est un patrimoine de tous les membres d'une communauté : des vivants, des morts et des générations futures. Sa vente signifie la disparition de l'ethnie. La terre n'est donc pas une marchandise comme les autres. Sa gestion se fait selon l'organisation politique de chaque ethnie. Selon cet auteur, « ce qui détermine l'existence de l'ethnie dans le monde, c'est la portion de forêt dans la région qu'elle occupe » (Iwewe, 2007 : 125). Les limites de chaque portion de terre avec celle d'une autre ethnie sont connues. Les espaces qui ne sont pas encore exploités sont mis en réserve pour prévenir les mauvais temps. Personne ne peut aliéner la terre à l'extérieur de l'ethnie. Les critères en fonction desquels les espaces sont partagés sont connus de tous. L'appartenance à l'ethnie (originelle ou adoptive) confère à l'homme le droit foncier. La terre n'est échangée contre aucun bien dans la tradition *bantoue*. Le chef traditionnel qui est aussi le chef du village est en même temps le responsable de terre. Il a le dernier mot, puisque son pouvoir vient des ancêtres et qu'il assume le relais entre les vivants et les ancêtres. Son pouvoir foncier est absolu, aucune transaction ne peut se faire sans son accord. En Afrique précoloniale, tout le monde respecte les règles traditionnelles de l'appropriation foncière. Cela maintient la solidarité et renforce la cohésion sociale. La réciprocité dans les rapports sociaux est la règle :

> « Je te donne aujourd'hui, parce que demain quand je serai dans le besoin tu me redonneras mon prêt. Je prête aujourd'hui pour recevoir demain à proportion de ce que je donne » (Ikie, une répondante à l'enquête).

On privilégie dans ce contexte les liens de voisinage et de proximité. Les gens restent liés pour profiter du capital social disponible et accessible à tous les coopérateurs. On est dans une économie fondée sur le principe de réciprocité.

Dans son étude sur les sociétés non capitalistes ou sous-développées, Madjadrian (1991 : 77) affirme que l'aliénation foncière dans ces sociétés ne signifie pas nécessairement la vente. La terre n'y est jamais échangée contre l'argent. Le statut de chaque homme lui confère le droit foncier. L'échange endogène, lignager, clanique ou tribal, est toujours privilégié. Ce dont il s'agit, c'est d'éviter que la terre ne devienne étrangère à la communauté, ou plus exactement la communauté étrangère à ses racines et à son liant. L'échange de terre obéit surtout aux règles de la communauté et des liens symboliques des hommes au sol, non à des lois du marché. L'échange reste adossé, limité, intégré à l'univers communautaire et religieux (Madjadrian, 1991).

Mais l'Afrique intertropicale évolue dans un monde en pleine mutation. Senghor, cité par Le Roy (1991 : 29-30) disait que :

> La terre ne peut pas faire l'objet de propriété : elle est seulement l'objet d'usufruit, mais usufruit collectif. La « propriété usufruitière » collective entraîne naturellement le travail collectif sur le champ familial dont les produits sont également l'objet de propriété collective. Car ici seul le travail peut conférer un titre de propriété sur les biens ou les services... Mais voilà, l'Afrique s'industrialise, du moins elle fait irruption dans la civilisation monétaire du marché. Nos capitales et nos chefs-lieux de région ont déjà leurs salariés et leurs bidonvilles, avec propriété privée et syndicats ouvriers. C'est ici qu'il faut faire preuve d'imagination et trouver des solutions originales à des situations originales.

L'Afrique intertropicale doit trouver des voies et moyens pour passer de l'affectation à l'usage, à l'exercice d'un droit de maîtrise exclusif et éventuellement absolu (la propriété).

Selon Le Roy (1991 : 30) :

> pour passer de cette idée de « l'appropriation à la propriété privée, il faudra que l'on passe d'une conception "sacrale" des choses à une conception "mercantile" et que la terre devienne vénale, ce qui est assuré par le progrès de l'individualisme et par l'intensification des échanges monétaires et commerciaux dans la République romaine au IIe siècle AC. »

La conception mercantile de la terre renvoie à la possibilité de l'obtenir moyennant paiement. Voilà la terre devenir donc marchandise.

Dans le contexte actuel du libéralisme triomphant, des dirigeants locaux, nationaux et certains particuliers congolais veulent s'enrichir en vendant les terres et en acquérant des superficies immenses sans les moyens techniques ni financiers de les mettre en valeur. D'autres rêvent de posséder des plantations ou des carrières de mines et de devenir des producteurs capitalistes des biens non consommables par les villageois et dont les rentrées financières ne sont jamais réinvesties dans les villages dont ils exploitent les terres.

Cotula et *alii* (2009 : 3) rapportent que, depuis 2004, des accords ont été signés sur des investissements agricoles entre certains pays riches comme l'Arabie Saoudite ou la Corée du Sud n'ayant pas de terres arables à haut rendement et les pays d'Afrique riches en ressources naturelles comme l'Éthiopie, le Ghana, Madagascar, le Mali et le Soudan, pour réduire la dépendance alimentaire. Par exemple, selon l'accord avec le Soudan, l'Arabie saoudite ou la Corée du Sud peuvent accaparer des milliers d'hectares de terres au détriment des paysans autochtones. Les pays occidentaux, asiatiques et les entreprises privées y acquièrent également des terres pour produire des biocarburants (Cotula et *alii*, 2009).

Dans la livraison du 24 janvier 2011, *Afrique en ligne* révèle l'information suivante :

> Une entreprise chinoise du Groupe *Greater KingDom* s'intéresse à la production du *Jatropha* en République démocratique du Congo. Elle envisage d'exercer la culture de cette plante, précisément à Banana, à Matadi (Bas-Congo), à Lubumbashi (Katanga), à Goma (Nord-Kivu) et à Bukavu (Sud-Kivu). Selon une source du ministère du Développement rural qui a dernièrement livré cette information, l'entreprise chinoise exige, notamment un minimum de sécurité dans les sites champêtres, une superficie de 10 000 hectares par province concernée et l'exonération de ses équipements[48].

Les agrocarburants veulent ardemment posséder des superficies immenses de terres : une plante comme le *Jatropha* est susceptible de produire le carburant vert au moindre coût (McMichael, 2010). Par contre, les ouvrages consultés (Cotula et *alii*, 2009 ; McMichael, 2010 ; *Afrique en ligne, 2011*) ne signalent aucun apport de ces accords et investissements sur le développement économique et social de la population autochtone. Le développement économique et social, qui est

48 http://www.afriquejet.com/afrique-centrale/rd-congo/rd-congo:-des-chinois-investissent-dans-la-production-du-jatropha-2011011367253.html (consulté le 29 janvier 2011)

l'ensemble des mutations techniques, économiques, sociales, techniques positives que peut connaître une aire géographique, implique la création de richesses, l'élévation du niveau de vie et l'amélioration du bien-être social. Combien d'emplois seront créés pour les autochtones dépossédés de leurs terres ? Quels aliments seront produits pour approvisionner les marchés locaux ? Combien d'usines de transformations des matières premières seront montées dans ce pays (en l'occurrence, la RDC) ? Combien d'écoles, de dispensaires, de maternités, de kilomètres de routes asphaltées ?

La conjoncture internationale accélère le processus de spoliation, puisque la demande de terres agricoles est croissante. Pour y faire face, les paysans autochtones recourent à la solidarité et s'organisent en associations de base qui se fédèrent au niveau de chaque district et de chaque province grâce à l'encadrement des organisations non gouvernementales (ONG). Selon *La voix du paysan Congolais*[49], « le mouvement paysan est en marche ». Les paysans autochtones initient des activités dont les membres peuvent s'approprier sans trop de difficultés, notamment, les travaux manuels en commun (semis, récolte, débroussaillage), la commercialisation des produits agricoles, leur possible transformation, etc. Leur mouvement coopératif vise à développer de nouveaux modèles de participation économique. Il s'organise autour des enjeux tels que la rétrocession du foncier spolié, la crise alimentaire, la souveraineté alimentaire, etc. Ce mouvement espère assurer le bénéfice des populations autochtones, moderniser l'agriculture familiale et les communautés villageoises en y apportant les pratiques innovantes fondées sur la connaissance, en y introduisant des outils performants comme la traction animale et en y promouvant l'éducation des adultes.

INDIVIDU ET INDIVIDUALISATION

La RDC, tout comme d'autres pays d'Afrique, a toujours été perçue comme un pays de formes de sociabilités communautaires où le groupe social prime sur l'individu. Enserré dans son groupe social, l'individu ne peut émerger comme acteur autonome, comme acteur capable d'opérer un choix. Mais, depuis l'adoption du libéralisme économique en 1982 et face à l'urbanisation rapide de la société, à l'émergence de l'État congolais moderne et son inefficacité à garantir les droits fondamentaux aux citoyens, à la crise sociale et économique aggravée par les plans d'austérité imposés par le Fonds Monétaire international (FMI) et la Banque mondiale (BM), l'individu livré à lui-même émerge comme acteur ayant des pratiques, des stratégies et des compromis faits à son avantage.

49 N° 11 d'Octobre 2010.

Quand nous parlons de l'individu et de l'individualisation, nous entendons deux choses. En premier lieu, l'individu est une notion qui atteste la séparation du groupe social. Il apparaît comme électron libre, libre de choisir de s'investir dans les rapports ou places sociales que la société lui propose. La liberté peut se définir ainsi comme la possibilité de choix, ou le champ des possibles (Élias N., 1991). Plus les différences s'accentuent entre les individus dans leurs comportements, leurs sensations, leurs pensées, leurs objectifs, leur physionomie, plus ils s'individualisent (Elias N., 1991). L'individu forge sa propre réflexion et souvent modifie par lui-même ses comportements. Dans ce qu'il entreprend, il fait des choix qui favorisent, avec une meilleure compréhension, la propre construction de ses avoirs. Cette dynamique d'émancipation, d'autonomie écarte les anciens liens communautaires villageois et religieux favorisant le collectif.

Dans la période récente, les choix de l'individu peuvent le conduire parfois à se percevoir comme l'agent constitutif de la société. Il vit pour son propre intérêt et ne cherche que son bonheur : « Si l'on met à part l'instinct de conservation, c'est sans doute dans la tendance à l'émulation qu'il faut voir le plus puissant, le plus constamment actif, le plus infatigable des moteurs de la vie économique proprement dire » (Veblen, 1899 /2007 : 74).

Ainsi, l'individu cherche en premier lieu à assurer sa subsistance ; la consommation ostentatoire vient en second lieu. La nécessité d'une telle consommation ostentatoire s'explique par le fait que le respect de soi se fonde sur le respect témoigné par autrui. L'estime de ses congénères passe par les signes ostentatoires de richesse. De ce point de vue, les produits de consommation ostentatoire peuvent sembler autant indispensables que les biens de première nécessité. On peut analyser ce comportement sous forme d'individualisme méthodologique, c'est-à-dire que seul l'individu est une unité d'analyse pertinente. La société, quant à elle, n'émerge que des choix faits par lui. Du point de vue micro-économique, c'est à son niveau que l'on peut expliquer les choix collectifs et sociaux. Ni les comportements sociaux (sociologie), ni la culture (anthropologie), ni les instincts (psychologie) n'expliquent ses choix sociaux observés, mais ceux-ci relèvent des décisions individuelles. Ces dernières sont motivées, par exemple, par des incitatifs (coûts-bénéfices) auxquels il fait face.

En second lieu, dans le modèle holiste de division du travail social d'Émile Durkheim (1893), l'individuation y est conçue comme autonomisation et différenciation, mais aussi comme intégration dans le système social. De ce point de vue, la division du travail correspond à l'individuation et l'individu émergeant évolue dans un cadre moderne dénommé l'État, l'institution des institutions aujourd'hui.

Institutions

Les individus évoluent dans un monde d'institutions qui forgent leurs choix et modèles de décision et qui représentent des contraintes dans les opportunités qu'offre leur environnement (North, 1991). Les institutions appliquent toujours les sanctions quelconques aux individus vivant au sein d'une communauté villageoise ou nationale. Leurs règles, avec des mécanismes de sanctions, modèlent et orientent les comportements humains dans des trajectoires prévisibles créant un certain ordre. Ainsi, tout environnement ou toute communauté se structure au niveau des institutions, des organisations et des individus.

Les institutions formelles renvoient aux règles politiques et judiciaires. Elles définissent la place respective de l'État, des individus et des organisations dans la société, ainsi que la structure hiérarchique du système politique. Elles définissent aussi les droits de propriété comme les droits privés, étatiques ou communautaires sur un bien (lopin de terre, air, eau, etc.). L'ensemble de droits de propriété (plus ou moins bien définis) est une institution fondamentalement pour l'existence des marchés. Les institutions formelles définissent les contrats individuels reflétant la structure des incitatifs compris dans les droits de propriété. Alors que les institutions informelles proviennent de la culture et de l'idéologie (conventions, normes, traditions, coutumes, tabous, religion, morale, etc.). Nos comportements et relations en société (famille, activités économiques et sociales) sont largement définis par les normes et conventions sociales.

Toute organisation humaine est un ensemble d'acteurs qui coopèrent ou agissent conjointement dans la production ou les services. C'est un groupement d'individus qui poursuivent des objectifs communs. On peut avoir l'organisation la plus efficace, mais elle ne peut fonctionner en l'absence d'un État viable.

L'État congolais, un « État fragile »

Monopole de la violence légitime, coercitif (gendarme) ou protecteur (assistance sociale), l'État mérite d'être étudié et compris dans un contexte où l'on veut faire du secteur coopératif le support du développement économique et social.

L'histoire nous apprend que l'État occidental est né du dépérissement des structures communautaires, notamment des communautés villageoises et des communautés familiales et de l'incapacité de sociétés civiles de donner la pleine mesure à leurs structures associatives (Badie, 1992 : 76). Ainsi, l'État est le produit de l'histoire européenne à la Renaissance. Le processus de sa construction s'accompagne d'une transformation des structures sociales en vue d'assurer la sécurité des biens et des personnes.

L'État est une organisation qui contrôle la population occupant un territoire défini, dans la mesure où il est différencié des autres organisations opérant sur le même territoire, où il est autonome, où il est centralisé, et où ses subdivisions sont coordonnées les unes avec les autres (Tilly, 1975). Dans l'ordre de l'État, le territoire devient un cadre fonctionnel de regroupement politique, parce que celui-ci implique des individus qui fondent leur identité sur le rapport d'allégeance à un centre qui prétend monopoliser l'autorité. Il n'existe que lorsque les cinq critères suivants fonctionnent simultanément (Beaufays, 1995 : 17) : le territoire, la population, le gouvernement, la souveraineté et la reconnaissance par la communauté internationale. Ses attributs que sont la différenciation, la centralisation et le contrôle de la population sur un territoire donné attestent que l'État est le produit d'un processus dynamique qui se traduit par une efficacité croissante dans l'exercice de ses fonctions (la sécurité du territoire assurée par l'armée, la sûreté de ses habitants par la mise en place d'une police, le rôle d'arbitre reposant sur le droit assuré par la justice, la création d'une monnaie commune à tous les agents économiques, l'éducation, l'aide sociale). Si toutes ces fonctions sont assurées et se renforcent mutuellement, on dit que l'État est construit. Cela ne veut pas dire qu'il est parfait. Tout État peut être remis en cause périodiquement, et il est perfectible.

L'existence de l'État comme expression des intérêts d'une communauté humaine délimite un espace au marché. En tant que structure de base du système international, l'État assure ses capacités de régulation. Ainsi, une terminologie désigne des situations où l'État est en panne : État voyou, État failli, État fragile, faible ou encore défaillant[50], voire effondré (Dijkema et *alii*. 2008 : 13). Cette terminologie permet de distinguer des degrés et de préciser les domaines de ses défaillances ou fragilités.

Le contenu de l'État est dominé par la notion d'intérêt public. En conséquence, il se développe en État-providence et en État fiscal distributeur. L'État-providence transfère des revenus entre catégories sociales, entre générations, entre régions. C'est aussi grâce à lui que l'aide publique au développement existe par l'intermédiaire des transferts entre États. L'État fiscal distributeur a le monopole de fixer seule le montant des impôts et de les prélever. Ces impôts sont destinés à alimenter le budget qui reflète la capacité d'action de l'État sur un territoire, et en premier lieu lui permet d'asseoir son pouvoir.

En effet, l'État africain s'est répandu à partir du type idéal wébérien de patrimonialisme (Médard, 1991). C'est une adaptation de l'État de type occidental. En d'autres mots, la colonisation a légué ce type d'État à l'Afrique. Le noyau patrimonial se caractérise par le pouvoir personnel, l'appropriation, l'échange, l'exploitation, l'accumulation et la générosité. Un clientélisme s'instaure non seulement au niveau

50 Selon *Alternatives internationales* (2008 : 9), les États défaillants sont classés dans le « Failed Staes Index 2008 » du Fund of Peace suivant une batterie de critères sociaux, économiques, politiques : pression démographique, réfugiés et déplacés, absence de développement, détérioration des services publics, absence d'États de droit, violence armée, mafias... Le premières victimes sont évidemment les populations. Mais aussi ceux qui naviguent sur les mers proches, guère plus sécurisées que les territoires. Se reporter à Stockholm international Peace Research Institute (SIPRI) : www.sipri.org et au Groupe de Recherche et d'information sur la paix et la sécurité : www.grip.org.

national, mais aussi au niveau international comme l'explique Badie (1992 : 41) : « force est précisément d'admettre que le propre du clientélisme d'État est de valoriser la médiation personnelle par rapport à la médiation institutionnelle, d'impliquer directement les dirigeants des États-clients en tant que personnes, avec d'autant plus de facilité que la nature néo-patrimoniale des systèmes politiques clientélistes s'y prête avec aisance. Ce processus suppose en particulier que les faveurs fournies par le patron soient dissociables et que le Prince de l'État-client puisse en retirer un avantage matériel et symbolique supérieur à celui qu'il pourrait retirer soit d'une politique d'indépendance, soit d'une politique d'association ».

Il ajoute : « La personnalisation du moins partielle – de l'allocation fournie par l'État-patron consolide en effet la fidélité du Prince dominé au Prince dominant, et permet surtout de reproduire, à la périphérie du système international, un ordre néo-patrimonial dont nous avons vu qu'il s'insérait directement dans une logique de dépendance : le Prince du Sud devient effectivement, à son tour, le patron de son peuple, le dispensateur principal de l'allocation étrangère » (1992 : 41).

L'État congolais n'a ni les moyens matériels, ni les moyens financiers, ni encore la légitimité nécessaire pour exercer son pouvoir et contrôler son territoire. L'essentiel du budget de l'État provient de l'aide internationale. Sans salaire ni équipement adéquat, l'armée congolaise est en décomposition. Elle reste incapable de faire régner l'ordre, de protéger les populations civiles ou de maîtriser ses frontières. Faible, corrompue, mal encadrée, elle compte dans ses rangs beaucoup de traîtres parmi les rebelles intégrés après les accords de paix successifs. Les hommes de la MONUSCO (Mission des Nations Unies en RDC) tentent difficilement de sécuriser, l'est du pays convoité surtout par le Rwanda et l'Ouganda. Le viol est utilisé comme arme de guerre systématique par toutes les parties en présence. Des enfants ont été recrutés de force dans diverses milices. Le Rwanda, l'Ouganda, le Burundi et l'Angola continuent de prendre la RDC comme un espace que l'on peut exploiter impunément. De plus, les énormes richesses minières du pays continuent d'être pillées par les multinationales américaines, européennes et chinoises qui profitent intensément de l'ouverture des frontières. L'espérance de vie est faible (à peine 46 ans), les infrastructures sont en ruine et une bonne proportion de la population est analphabète. Selon, l'OCDE (Organisation de coopération et de développement économique), c'est un « État failli » ou mieux, diplomatiquement, un « État fragile » (OCDE, 2011). Sa situation est aléatoire. « La situation aléatoire est le propre de tout État dominé, la garantie minimale de garder le statu quo s'impose évidemment » (Badie, 1991 : 59).

C'est ce type d'État du sud qu'est la RDC qui, dans les années 1980, est rentré dans la mondialisation et y reste, alors que dans les « pays développés » frappés par la crise financière depuis août 2007, « les formations politiques d'extrême droite gagnent en effet du terrain en prônant de plus en plus bruyamment des barrières de protection contre les immigrants et contre les produits importés des pays émergents.

Dans les parties de droite et même au sein de la gauche, les thèses protectionnistes de fermeture des frontières, de lutte plus active contre les délocalisations et contre l'accueil des immigrés "qui prennent notre travail" font des progrès de plus en plus alarmants » (Ben Yahmed, 2012 : 3).

Les esprits éclairés disent que la mondialisation dans laquelle est rentrée la RDC est irréversible et irrésistible.

Mondialisation

La mondialisation est la conséquence du système économique du libre échange. Pour la comprendre, il faut comprendre ce qu'est le libre-échange. Le libre-échange a été théorisé par Adam Smith (1776/2001) au XVIIIe siècle. Smith pensait que l'ensemble des intérêts égoïstes mène à l'intérêt de tous, c'est-à-dire que la confrontation des intérêts égoïstes mène à l'intérêt général (le principe de la « main invisible »). Il soutenait que les nations n'ont pas intérêt à produire ce qu'elles peuvent acheter ailleurs, qu'il ne faut jamais faire chez soi la chose qui coûtera moins cher ailleurs, et que, pour être efficace, le marché doit être le plus grand possible.

Aujourd'hui, le libre-échange vise à la libre circulation partout dans le monde des biens et marchandises, des capitaux et des êtres humains. Les nations qui contrôlaient avant le marché se retrouvent sans aucun moyen d'agir sur lui. Il revient maintenant au marché de dicter ses règles, car les nations ont abandonné le contrôle des frontières et de leurs économies nationales. Pierre de Senarclens reconnaît la perte des barrières qui accélère l'unification du champ économique et définit la mondialisation comme « un mouvement rapide de libéralisation des échanges commerciaux, des investissements directs étrangers et des flux de capitaux, l'emprise croissante des entreprises transnationales sur l'économie mondiale » (de Senarclens, 2007 : 65).

Un monde de nations inégales ou les inégalités des nations

L'histoire nous apprend que le monde a été divisé en plusieurs zones économiques qui coexistent, appelées « économies-mondes » (Braudel, 1985) dès le Moyen Âge et même dès l'Antiquité. Ces « économies-mondes » ont formé les matrices du capitalisme européen, puis mondial. Ainsi, une économie-monde se réfère à un espace géographique donné ayant un pôle, un centre, une ville dominante et se partageant en zones successives comprenant le cœur, les zones intermédiaires et les marges.

Aujourd'hui encore, le problème est que nous vivons dans un monde où les nations sont inégales à plusieurs points de vue. Du côté des nations développées, dans une certaine mesure, on respecte les travailleurs (salaire minimum garanti, syndicats, etc.). On ne fait pas travailler les enfants[51] et une certaine solidarité sociale

51 Droits de l'enfant à la scolarisation obligatoire jusqu'à 16 ans et le travail des enfants est règlementé.

(protection sociale) a été mise en place. Au contraire, dans des pays en développement, les travailleurs sont mal payés. Les enfants sont souvent exploités et la misère y est grande. En plus des inégalités sociales, les nations sont inégales sur le plan de la fiscalité. Une nation comme le Canada ou la France ou la Belgique met en place des taxes pour financer la structure de l'État (investissements et aides publics, salaires des fonctionnaires). Afin de garantir l'harmonie sociale, le développement de tous et la sécurité sociale, elle opère une redistribution des richesses et pour diriger son économie, elle opère un certain contrôle des frontières (douanes, immigration, taxes à l'importation, subventions à l'exportation). À l'inverse, certains États appelés paradis fiscaux ne prélèvent aucune taxe à leurs investisseurs étrangers (fiscalité nulle aux non-résidents). De plus, ils cultivent le secret bancaire (comptes bancaires, blanchiment d'argent, trafic d'armes et de drogues) de sorte qu'il est difficile de savoir qui possède quoi et ce qu'il fait comme activités économiques. C'est notamment ce qui permet aux différents trafics d'armes et de drogues de rester discrets. L'affaiblissement supposé des États conduirait à la perte de leur souveraineté dans la dynamique de mondialisation. On accuse celle-ci des pires barbaries du XXe siècle (de Senarclens, 2003). Les travaux de Wallestein (1996), Chossudovsky (1998), Latouche (2002), Stieglitz (2002), Ramonet (2004), Fougier (2008 : 24-25), d'Attac[52] France, et des altermondialistes vulgarisent l'idée selon laquelle la mondialisation serait responsable de la plupart de nos maux et conduirait à un recul sans précédent de l'humanité. Elle soumettrait les populations du monde entier aux pressions du capital transnational et au pouvoir sans partage des entreprises multinationales. Elle cantonnerait les pays en développement dans la production de biens et services sans avenir, tandis qu'elle détruirait les emplois, notamment peu qualifiés, dans les pays développés. Elle projetterait des populations de plus en plus nombreuses dans l'univers sans protection de l'immigration (Trainar, 2004 : 41).

Essayons maintenant de comprendre, à qui profite la mondialisation.

La mondialisation traduit surtout une intensification des échanges économiques entre les principaux pôles du développement capitaliste que forment l'Amérique du Nord, le Japon, l'Europe occidentale, les nouveaux pays industrialisés d'Asie et d'Amérique latine, dont la Chine, l'Inde, l'Indonésie, le Mexique et le Brésil. De Senarclens reconnaît l'importance des multinationales dans la production des richesses et les progrès technologiques, et le rôle décisif que les États ont joué dans la création des conditions politiques, sociales et culturelles qui ont permis le progrès des sciences et des techniques (de Senarclens, 2007).

En fait, ce qui fait la richesse d'un pays industrialisé comme le Canada, le Japon ou la France, c'est la performance de ses outils de production qui rendent le travail

52 Association pour la taxation des transactions financières et pour l'action citoyenne.

plus productif et permet aux employés de travailler moins pour produire plus. En fait, c'est du niveau technologique du pays que découle le pouvoir d'achat de ses habitants. Or, depuis le début des années 1990, des multinationales ont commencé à délocaliser les outils de production des pays riches vers les pays pauvres où les salaires sont très bas. Étant donné que leur outil de production est la source réelle de leur niveau de richesse, suite à cette délocalisation, leur pouvoir d'achat est en constante diminution. Or, un pays qui produit de moins en moins ne peut continuer à consommer autant, à moins de s'endetter. C'est à ce moment-là que les banques rentrent dans l'équation. Elles prêtent de l'argent aux particuliers pour combler la perte de pouvoir d'achat. Ces crédits à la consommation permettent de continuer d'acheter des produits venant de la Chine, par exemple. Mais, ces crédits doivent être remboursés. Ils sont parfois très chers et on rembourse souvent plusieurs fois la somme empruntée. Les banques font donc d'énormes bénéfices grâce aux intérêts qu'elles touchent sur les prêts qu'elles accordent. Au fil du temps et des délocalisations, le pouvoir d'achat réel chute, alors que le taux d'endettement des ménages augmente pour compenser la perte et représente en quelque sorte un pouvoir d'achat virtuel. Les habitants des pays riches rentrent donc dans le cercle vicieux de l'endettement.

Revenons maintenant aux multinationales. Dans une certaine mesure, les habitants des pays riches achètent moins cher des marchandises produites en Chine. Ce qui leur paraît dans un premier temps être de bonnes affaires. Mais il faut être conscient que les salaires payés aux travailleurs en Chine sont indécents et ne leur permettent pas de vivre correctement. Dans ce contexte, les flux migratoires sont causés principalement par la mondialisation et par les rapports inégaux entre le Nord et le Sud. Les populations du Sud veulent migrer vers le Nord, où ils croient trouver de bons emplois salariés et vivre dans de meilleures conditions. De plus, les programmes d'ajustements structurels imposés par le Fonds monétaire international (FMI) et par la Banque mondiale ont beaucoup réduit les services des États du Sud en dégraissant le nombre de salariés, diminuant de facto les dépenses sociales. Cette migration apporte des capitaux, permet de recruter une main-d'œuvre bon marché et de rajeunir la population, qui renfloue la caisse des prestations sociales. C'est la nouvelle stratégie des pays industrialisés (Naïr et De Lucas, 1996).

En sous-payant les travailleurs des pays en développement, les multinationales réalisent donc à leur tour d'énormes profits. Et dans un deuxième temps, les entreprises beaucoup plus petites ayant fait le choix de continuer à produire dans les pays riches comme le Canada, la France ou la Belgique font face à une concurrence déloyale. Elles se voient à leur tour obliger de délocaliser ou de fermer leurs portes. La situation est bien pire dans les PMA comme la RDC.

Le libre-échange vise aussi à la libre circulation des capitaux. C'est dans ce contexte qu'apparaissent les paradis fiscaux où les multinationales cachent leurs énormes bénéfices pour ne pas payer des taxes.

La mondialisation est défavorable au travailleur d'un pays riche, industrialisé (comme le Canada) qui perd son emploi et qui à terme perdra ses acquis sociaux, mais aussi pour le travailleur d'un pays émergent comme la Chine vivant sous la dictature du parti communiste qui sera maintenue sous contrôle par la force. Et comme on trouvera toujours dans le monde des pays où règnent des dictatures et où l'on peut rétribuer les travailleurs par un salaire de misère, on peut conclure que la mondialisation est défavorable pour les travailleurs de tous les pays du monde. Les travailleurs des pays riches et libres sont à terme obligés d'accepter que leurs salaires soient alignés sur ceux des travailleurs vivant dans des dictatures. Mais, ce système est très intéressant pour des actionnaires, des banques et des multinationales qui représentent une élite financière opérant depuis les nombreux paradis fiscaux en échappant à toutes sortes de contrôle. Les oligarques sont très peu nombreux et constituent l'oligarchie financière mondiale (Ziegler, 2002).

Bourdieu (2001 : 97) comme Hugon (1995) expliquent la mondialisation comme « la forme la plus accomplie de l'impérialisme de l'universel, celle qui consiste, pour une société, à universaliser sa propre particularité en l'instituant tacitement en modèle universel ». D'après Bourdieu, ce processus veut « unifier pour mieux dominer », en utilisant des politiques drastiques. Il profite davantage aux dominants, précisément aux États-Unis, un pays capable d'utiliser le droit international et les institutions internationales en sa faveur. La suppression de nombreuses barrières techniques, administratives (...) favorise l'expansion de ce processus d'unification et de concentration, et elle facilite l'émergence d'un champ économique mondial. Ainsi, la « globalisation » économique ou le « marché mondial » est une création politique (Bourdieu, 2001 : 93-96). L'État joue un rôle prépondérant dans la légitimation de ce processus, puisqu'il a intérêt à accueillir les grandes entreprises des pays riches (du nord), à instaurer une concurrence égale entre les multinationales et les entreprises locales du sud, et surtout à développer son commerce extérieur. Par conséquent, « dans les économies émergentes, la disparition des protections voue à la ruine les entreprises nationales » (Bourdieu, 2001 : 96). Dans son analyse, Ziegler (2002 : 11) rejoint Pierre Bourdieu en estimant que « la privatisation du monde sert particulièrement les intérêts de l'Empire (les États-Unis) et des oligarques de ce monde ». En fait, Bourdieu dénonce la cause principale du mouvement de libéralisation économique dans le monde et met en évidence le principe du processus de « mondialisation ». L'intégration et l'unification amènent la concentration du pouvoir, qui dicte les politiques drastiques et mercantiles. Bourdieu conclut que rien ne peut arrêter cette dynamique, parce que toutes les barrières s'écroulent progressivement. La mondialisation constitue donc un processus d'expansion du néolibéralisme. Cette restructuration touche les domaines de la production, du travail et de la vie économique (Wallestein, *op. cit.*). La signature des accords multilatéraux entre les gouvernements constitue l'un des facteurs qui rendent possible cette mondialisation.

En effet, la mondialisation « suscite aussi beaucoup d'inquiétudes au sein des opinions publiques, qui s'expriment dans l'émergence de réseaux associatifs et de mouvements politiques contestant ses conséquences économiques et sociales » (de Senarclens 2003 : 9). D'ailleurs, ses conséquences sont complexes et contradictoires : des fossés se creusent, la marginalisation s'intensifie, le lien social se dilue, et le déficit de l'État ne fait aucun doute. La logique de l'identité et les revendications culturelles prennent le dessus et provoquent une crise du régime (Rist, 1997 : 26-28). L'étude de la mondialisation, c'est, en effet l'étude du changement social et celle de processus complexes et interreliés, et l'on peut s'interroger sur les possibilités d'alternatives.

Alternatives possibles

Est-il possible de concevoir un système économique viable permettant d'améliorer la vie du plus grand nombre de la population de chaque pays ? Le plus facile à faire est de rechercher dans le passé des pays industrialisés ce qui a permis d'améliorer les conditions de vie des gens. Yves Colombel (2000) et (Mazoyer, 1992) soulignent la puissance et la modernité de l'agriculture française. En 1700, la population française ne comptait que 20 millions d'habitants qui survivaient difficilement à cause des famines fréquentes. En 2000, la population française a atteint 60 millions d'habitants qui sont en grande majorité bien nourris. On doit donc se demander ce qui a permis de réaliser ce miracle. En 1700, un paysan français cultivait et récoltait de quoi nourrir difficilement 2 personnes. En 1800, les méthodes de travail du paysan ont peu changé, celui-ci peinait toujours à nourrir 2 personnes. En 1980, un paysan pouvait nourrit très convenablement 30 personnes grâce aux technologies agricoles nouvelles (semences à haut rendement, chimisation, mécanisation). En 1990, la situation s'est considérablement améliorée et le paysan peut depuis ce temps nourrir 40 personnes. Pour récolter les produits agricoles, le paysan français est passé des outils aratoires ; puis, à la moissonneuse-batteuse tirée par des chevaux et pour finir de nos jours par utiliser des moissonneuses-batteuses entièrement mécaniques. C'est donc le progrès technique qui améliore les conditions de vie de l'homme en rendant le travail efficace et moins pénible.

On doit se demander comment générer les conditions du progrès technique.

La première étape est la recherche scientifique pour comprendre comment fonctionne la nature. La deuxième étape consiste à comprendre un principe scientifique et à l'appliquer pour améliorer les outils de production. Qui dit nouveaux outils dit nouvelles méthodes de travail. Il faut alors fournir un effort de formation de la population. Toutes ces étapes nécessitent de gros investissements. Il faut donc favoriser l'investissement dans la recherche, l'amélioration de l'outil de production et la formation. Il n'y a pas de progrès technique, si on ne promeut pas l'investissement.

Prenons un exemple d'actualité dans la zone euro, la concurrence étrangère. Une bicyclette de sport (de même qualité) produite en France coûte 1000 euros (coût de production). La même bicyclette produite en Chine vaut 800 euros. On comprend donc que la bicyclette étrangère est plus compétitive sur le marché français que la bicyclette française. Ce problème peut être résolu en deux temps. Premièrement, on introduit une taxe à l'importation permettant de rétablir une concurrence loyale entre les 2 bicyclettes, soit 300 euros. La bicyclette chinoise revient à 1100 euros et la concurrence est établie en faveur du produit français. Avec l'argent de la taxe douanière, il devient possible d'investir dans l'amélioration des usines françaises en introduisant des machines efficaces permettant d'effectuer la même tâche en moins de temps, et avec moins de peine pour le travailleur manuel. Cela permet d'augmenter le nombre de bicyclettes produites. Ce qui a pour effet de réduire le coût de la bicyclette française à 700 euros. On pourra ensuite retirer les taxes à l'importation. Ces mesures seront appliquées à tous les secteurs stratégiques de l'économie du pays et seront appliquées au cas par cas en fonction de la situation économique mondiale et de son évolution.

L'histoire des 30 glorieuses peut aider un PMA (pays moins avancé) comme la RDC a réinventé son économie en tenant compte de son environnement en Afrique et dans le monde. Cette réinvention de l'économie devra être originale. Face à la mondialisation en cours qui est associée à la pauvreté de masse, ceux qui y sont exclus n'ont qu'un choix à faire pour survivre et tenter de construire un autre monde, c'est la coopération. En RDC, la coopération peut contribuer à rétablir le lien social détruit par cette dynamique de conquête violente en suscitant les nouvelles solidarités.

La coopération

Les pionniers de Rochdale définissaient comme but ultime de la coopération dans les termes suivants : « Aussi, tant que faire se pourra, la société procédera à l'organisation de la production, de la distribution, de l'éducation, et du gouvernement en son sein et par ses propres moyens ; en d'autres termes, elle se constituera en colonie autonome où tous les intérêts seront solidarisés. La société viendra en aide aux autres sociétés coopératives qui voudraient fonder des colonies semblables » (Infield, 1955 : 159).

Il existe trois grands types d'expériences historiques sur les organisations associatives des producteurs ruraux, qui ont pour fonctions d'organiser les relations avec la société globale, notamment, les pays à économie libérale, les pays à régime communiste et les « pays en voie de développement économique », appelés aussi les « pays du capitalisme périphérique ».

Pays à économie libérale

Dans les pays à économie libérale (Europe de l'Ouest, Amérique du Nord et autres pays libéraux), les organisations de producteurs se présentent comme un moyen de réorganiser certaines activités perturbées par l'intégration du capitalisme dans l'économie rurale. La réorganisation collective sous une forme associative vise surtout à assurer la survie familiale et à relancer les circuits d'amont et d'aval. Ces derniers peuvent l'être, parce qu'il s'agit de circuits que le capitalisme n'a pas encore à l'époque investis, directement (les banques, par exemple, délaissent le crédit aux petits paysans) (Haubert, 2001 : 6).

Dans ses « rappels historiques », Meister (1972) distingue, en France, 3 formes d'associations (notamment la corporation, le compagnonnage et le mutualisme) antérieures aux associations modernes qui apparaissent après 1848. Aux États-Unis, le *melting pot* débouche sur une prolifération d'associations reflétant l'existence de différents sous-groupes ethniques, religieux ou économiques. Ces associations, qui deviennent rapidement des outils de protection et d'intégration, revêtent des formes variées comme *settlements*, syndicalisme, *schools civic centers* afin d'assurer la participation de tous à la vie communautaire. Dans les pays libéraux en voie de développement comme Israël coexistent participation volontaire et participation suscitée.

Lorsque le milieu technique (révolution industrielle) se transforme radicalement, l'association en subit le contrecoup et lutte contre la destruction oppressive. À la fin de la révolution industrielle, les associations dont les revendications sont satisfaites se transforment, en passant des fonctions de conquête à des fonctions de contrôle. Elles peuvent se rapprocher dans leur organisation et fonctionnement des industries agroalimentaires. La fonctionnalisation des associations croît. La coopération joue un rôle actif dans le changement social. Pour l'État, l'avantage des organisations associatives est de faire prendre en charge par les producteurs ruraux eux-mêmes la réorganisation de leurs activités productives qu'implique la modernisation (Haubert, 2001).

Pays à régime communiste

Dans les pays à régime communiste (les pays communistes, socialistes), la coopération joue un rôle de mobilisation idéologique. En fait, « Les coopératives ne sont pas utilisées dans ces pays seulement comme instruments de transition économique (pour le développement des forces productives), mais aussi comme instruments de transition politique (pour l'apprentissage de nouveaux rapports sociaux) et de transition idéologique (pour l'éducation communiste et la formation d'un "homme nouveau") » (Haubert, 2001 : 8).

Il est important de souligner que cette politique ne concerne que les petits paysans et, provisoirement, les petits artisans constituant les couches populaires considérées comme attardées.

Pays en voie de développement économique

Dans les pays en voie de développement économique (d'Amérique latine, d'Afrique et d'Asie) appelés les « pays du capitalisme périphérique », les associations de participation sont les agents de monétarisation ou de promotion individuelle. Leur rôle en tant qu'acteur de changement social est faible (Meister, 1972) (5).

Pour Haubert (2001 : 9), jusque dans les années 1980, la formation, le développement et le fonctionnement des organisations associatives empruntent à la fois certains de leurs traits aux pays communistes et socialistes, puisque l'intervention de l'État est généralement prépondérante, et d'autres éléments aux pays à économie libérale, lorsque la formation, les transformations et le fonctionnement des organisations de type coopératif dans ces pays ont pour objectif le renforcement de la pénétration du capitalisme. C'est dans le domaine agricole regroupant la majorité de la population, que s'impose avec plus de force la nécessité d'une coopération.

Nouvelles dynamiques associatives en milieu autochtone africain

Les nouvelles dynamiques associatives en milieu autochtone africain et ailleurs dans les pays du capitalisme périphériques proviennent également du désengagement comme entrepreneurs et comme acteurs centraux auquel les États se trouvent contraint à la suite de la crise des finances publiques et des finances extérieures, et très souvent des conditions draconiennes que le Fonds monétaire international et la Banque mondiale leur imposent (Haubert 1992 ; Makungu, 2008 et 2009).

Dans les deux cas servant de références aux pays du capitalisme périphérique, il s'agit principalement d'intégrer les producteurs au marché selon des intérêts dominants (coloniaux ou postcoloniaux). Cet un objectif économique nécessite la coopération, l'invention des pratiques sociales, l'innovation sociale méconnue dans la société traditionnelle.

Esprit et technique de la coopération. « L'union fait la force » est le principe de base de la coopération. Le regroupement ou l'association des hommes leur permet de mettre en commun leurs efforts pour atteindre des objectifs communs, pour le bien de chacun. Différente de l'étatisme et de l'individualisme, la coopération apparaît un moyen idéal de résoudre un problème social ou économique.

En fait, la coopération naît toujours d'une crise dans les relations d'un groupe d'acteurs en position de faiblesse (producteurs, artisans, etc.) avec les acteurs dominants (industriels, commerçants, etc.). La crise crée un déséquilibre, un dysfonctionnement. L'insécurité des démunis et les inégalités sociales fortes vécues par les gens dans les communautés, l'appartenance à un groupe défavorisé, le goût d'agir ensemble d'une communauté particulière, le rêve de vivre dans une société équitable et juste. Le besoin, l'identité et le projet d'un autre monde sont les trois moteurs d'action collective (Favreau et Ouedraogo, 2008 : 12) en vue de réintégrer le marché. Les dominants peuvent aussi avoir intérêt directement ou indirectement à voir les acteurs en position de faiblesse se réorganiser. Ainsi, la crise rend l'innovation nécessaire.

La coopération permet de coordonner les efforts de chacun dans une activité commune afin d'obtenir un résultat escompté de tous les sociétaires. Ainsi, dans le secteur agricole, il s'agirait de créer une ferme à haut rendement ou organiser des circuits de commercialisation pour ne pas être subordonnés aux grands commerçants acheteurs. La formation d'un regroupement de commercialisation des produits agricoles contribue à la fois à augmenter l'efficacité d'achats ou des ventes et à augmenter l'efficacité des négociations de prix avec les autres acteurs intervenant sur les marchés.

La coopération poursuit un but social aussi bien qu'économique. Dans la société moderne monétarisée, elle veut créer des outils pour l'émancipation économique des populations dépourvues d'un pouvoir d'achat. Dans une association de producteurs ou dans une coopérative, les sociétaires travaillent ensemble. Les finalités poursuivies sont d'augmenter les revenus, la nutrition, la qualité de vie, le bien-être, et de favoriser une modernisation des mentalités. Les sociétaires maintiennent des règles de fonctionnement fondées sur la solidarité. La solidarité tisse les liens entre les êtres humains au sein de la société, au-delà de leurs différences. Elle les aide à mieux vivre ensemble. Dans ses ouvrages *De la division du travail social* et *Les formes élémentaires de la vie religieuse*, Durkheim distingue bien la solidarité mécanique fondée sur la similitude (le clan, la tribu) et les ressemblances de la solidarité organique (Durkheim, 1960 : 100) fondée sur le principe de différenciation dans les sociétés occidentales (différenciation des professions, système de protection sociale). La solidarité organique renvoie à la division du travail social. Dans les sociétés à solidarité mécanique, les forces impersonnelles qui se dégagent de la collectivité, les croyances et les principes spirituels qui servent d'âme à la collectivité, les idées générales que la religion grave dans les esprits sont à la base de la vie morale (Durkheim, 1912 : 382-389). La structure de type segmentaire enserre l'individu et la personnalité individuelle y est ainsi absorbée. Dès la naissance, l'individu y assume un statut et ne peut prétendre à acquérir plus d'attributs distinctifs.

Pour Marie A. (1994), selon ses travaux menés en Côte d'Ivoire, la solidarité consiste à organiser des relations de dépendances successives dans la société contemporaine, unissant de proche en proche « grands » et « petits ». Les « grands » attendent des « petits » un soutien politique et les « petits » espèrent trouver du travail ou un fonds de démarrage d'une activité lucrative. Cette solidarité est liée à l'idée de fraternité, à celle du respect de la dignité humaine et à celle d'égalité entre les hommes.

La coopération n'est pas un phénomène social nouveau au Congo ni ailleurs en Afrique. Dans la société congolaise (ou africaine) d'avant la colonisation européenne, les conditions de vie difficiles incitaient les membres d'une famille ou d'un clan ou les personnes appartenant à une même classe d'âge à former des groupes de travail. Le but de ces groupes de travail, suivant la division sexuelle de travail, était, soit de produire, soit de cueillir des ressources végétales naturelles, soit de défricher un grand champ, soit d'attraper du gibier ou de construire une case. Ils se disaient que ce qui arrivait aux uns préoccupait tout le monde. Le choix de participer ou de ne pas participer à ces travaux était individuel, mais la peur de se faire montrer du doigt en allant à l'encontre de l'initiative communautaire exerçait une certaine pression sociale sur chaque personne. Par conséquent, la participation était massive. En cas de non-respect du principe de solidarité, la sanction imposée à la personne concernée était l'exclusion du groupe. Pendant l'exécution des travaux en groupe en faveur de quelqu'un, tous les membres du groupe étaient traités également et chacun devait travailler de façon responsable. Celui qui bénéficiait d'une entraide devait rendre à son tour un nombre équivalent de journées de travail. À l'issue de chaque travail collectif bien fait, la collation donnée à chaque participant par le bénéficiaire était la même. Les pratiques, ces valeurs et références puisées de la tradition, des liens de sang et sociaux ont permis, face à la crise économique et sociale, l'émergence des associations en ville en réadaptant les citadins aux nouvelles réalités (le voisinage multiethnique, les nouvelles religions, le droit positif, etc.).

Dans le contexte de la RDC, la coopération est une initiative de rétablissement social répondant au triomphe du libéralisme et à un diagnostic de « nation en péril » (Desroches, 1991). Elle « privilégie la réponse aux besoins humains, promeut la responsabilité individuelle et collective et soumet ses objectifs économiques à des finalités sociales » (Lachance, 1991 : 55). Le projet coopératif est porté par les démunis, les associations, le bureau diocésain de développement, les prêtres et les organisations non gouvernementales (ONG). Les démunis s'associent pour entreprendre autrement (Demoustier, 2001 ; Bidet, 1999 ; Vienney, 1994). Ils constituent des associations susceptibles de fournir des moyens aux producteurs, d'élargir les marchés de leurs produits et de défendre leurs droits (Favreau, 2008).

De plus, les sociétaires de ces regroupements recherchent l'intercoopération auprès des organisations du Sud (BDD, CEP) comme celles du Nord pour faire entendre leurs voix. Grâce à cette entraide entre organisations coopératives, les regroupements paysans capitalisent les expériences des autres et renforcent leur position face aux concurrents du secteur privé.

Makungu (2009) et Mokili (1998) montrent dans leurs contributions que la coopération n'est pas un phénomène nouveau en RDC. Elle est une attitude humaine que l'on observe à tous les âges et dans tous les milieux. Face à l'adversité, les Congolais comprennent que pour survivre, ils doivent travailler ensemble.

En effet, les coopératives modernes inspirées du modèle européen ont existé en RDC durant les années 1950-1970, mais elles ont connu une grande crise, ainsi que l'observe Mokili (1998 : 312). On assiste à la renaissance de cette pratique sociale depuis les années 1980 pour faire face à la crise multiforme. Ces associations coopératives se fondent sur les principes et valeurs suivants : adhésion volontaire et ouverte à tous, pouvoir démocratique exercé par les membres, participation économique des membres, autonomie et indépendance, éducation (formation et information), coopération (entraide) entre coopératives et engagements envers la communauté (Defourny, 2002 : 107-108).

Balandier (1981 : 347) avait déjà observé la coopération entre citadins démunis en milieu traditionnel Kongo pendant la colonisation de l'autre côté du fleuve Congo, le *Témo*, une association précaire, qui s'était simplifiée en se « vulgarisant » et dont la durée était définie par le nombre des participants et le rythme des versements. Le cycle typique des versements établi sur le rythme de la semaine *bakongo*, l'usage fréquent des rencontres dans ce lieu pacifié et anonyme qu'était le marché, suggéraient l'origine lointaine de l'institution et son ancienne importance sociale. Elle était placée sous le signe de la « féminité », évoquant la fécondité et la pacification. Cette marque traduit la survivance d'une époque où les regroupements, et non les individus, entraient en relation au sein du *Témo*. L'institution devait assurer l'aménagement de relations pacifiques et commerciales entre personnes jusqu'alors antagonistes. C'était une manière d'avoir des obligations réciproques des uns envers les autres, afin de rompre l'isolement des lignages et ainsi donner aux relations avec l'extérieur un caractère pacifique. Par des moyens indirects, on tissait des liens sociaux entre individus et groupements en les faisant participer à un circuit d'échange. « L'institution *Témo* apparaît comme ayant une égale importance économique ; elle vise aujourd'hui à réaliser une accumulation de richesse, distribuée successivement à chacun des participants, sur base d'une participation égale » (Balandier, 1981 : 346).

Chez les *Kongo*, le *témo* ou *kitemo* est depuis des générations, une sorte de coopérative d'épargne et de crédit dans laquelle les membres s'engagent sur leurs avoirs. Lorsque chacun des associés aura reçu à son tour, le versement de chacun des autres membres, le *Kitemo* sera dissout. L'expérience congolaise de la renaissance de la coopération se fonde sur la tradition de chaque milieu.

Les sociétaires qui occupent une position privilégiée dans la coopération auront aussi une position privilégiée dans le fonctionnement des structures de coopération : « S'ils sont dirigeants (que leur statut soit ou non institutionnalisé), c'est en effet qu'ils jouissent, comme tous les "médiateurs", d'une double légitimité, c'est-à-dire qu'ils sont à la fois reconnus par les membres du groupe comme les plus capables (en raison de leurs ressources économiques, sociopolitiques ou culturelles) d'intervenir efficacement dans l'organisation et les fonctionnements des relations avec les acteurs extérieurs et reconnus par ceux-ci comme les plus capables d'intervenir efficacement dans l'organisation et le fonctionnement internes du groupe et donc aussi de l'orientation des activités économiques de ses membres » (Haubert, 2001 : 5-6).

Dans le contexte de la RDC, l'avenir n'est pas uniquement dans une relance fondée sur la technologie, mais aussi dans un nouvel agencement des relations sociales. Il est urgent de créer des activités susceptibles d'émanciper les pauvres. Les avantages attendus de la coopération sont de deux types, selon Haubert (2001 : 2-3) : « l'obtention d'économies d'échelle pour augmenter l'efficacité ou le rendement de leurs activités, et l'accroissement de leur pouvoir de négociation vis-à-vis des autres acteurs. Le premier type d'avantage relève de "l'entreprise" (au sens large) et concerne donc la production de la valeur. Le second type d'avantage est au contraire de nature "syndicale" (au sens large du terme) et concerne donc la répartition de la valeur produite ».

Fondée sur la libre initiative collective, la juste répartition des excédents, l'indivisibilité totale ou partielle des fonds, la démocratie, la solidarité, la promotion de l'individu et l'indépendance de toute collectivité publique (autonomie et indépendance), la coopération ne vise pas un objectif lucratif (Jeantet, 2009 : 30-31). Elle exige un engagement sur le long terme et les résultats positifs pour que d'autres adhérents se joignent à l'aventure coopérative. Cette contrainte permet à la coopération de résister au temps. Elle « privilégie la réponse aux besoins humains, promeut la responsabilité individuelle et collective et soumet ses objectifs économiques à des finalités sociales » (Lachance, 1991 : 55). Sa démarche peut remédier à des inégalités générées par l'économie dominante.

Cependant : « Wealth-maximizing individuals will usually find it worthwhile to cooperate with other players when the play is repeated, when they possess complete information about other player's performance, and when there are small numbers of players. But turn the game upside down. Cooperation is difficulty to sustain when the game is not repeat (or there is endgame), when information on the other players is lacking, and when there are large numbers of players » (North, 1991: 97). En fait, les acteurs ayant maximisé les profits comprendront les avantages et la nécessité de coopérer si le jeu (la ristourne, par exemple) se maintient ; s'ils sont informés sur les performances antérieures d'autres acteurs et quand le petit nombre de ceux-ci n'est pas élevé. Sinon, la coopération n'est pas possible ni rentable.

Le projet coopératif est porté le plus souvent par les démunis (cultivateurs et éleveurs), les marchands, les artisans (boulangers, briquetiers, etc.), les associations, le bureau diocésain de développement, les prêtres et les organisations non gouvernementales (ONG). Il contribue à résoudre les problèmes que posent le logement, l'insertion professionnelle, la santé, l'action en faveur des infirmes (personnes à mobilité réduite) et du développement du lien social (Draperi, 2007 : 254). Les démunis s'associent pour entreprendre autrement (Demoustier, 2001 ; Bidet, 1999 ; Vienney, 1994), parce que le regroupement ou l'association n'est pas une excroissance de l'État. Dans le cadre de leurs activités productives, les adhérents constituent des associations susceptibles de fournir des moyens aux producteurs, d'élargir les marchés de leurs produits et de défendre leurs droits (Favreau, 2008) dans le temps.

Structures, développement et croissance de l'économie et des sociétés modernes

North (1991) remarque quatre phases distinctes dans le développement des organisations ou structures économiques, à savoir les échanges intravillages, les échanges intervillages, les échanges sur de longues distances et l'économie d'échanges diversifiés.

Dans les échanges intravillages, les activités économiques reposent sur la chasse et la cueillette. Les hommes vont à la chasse et les femmes font la cueillette. La spécialisation dans ce monde est rudimentaire et l'autosuffisance des ménages est l'objectif poursuivi. Les échanges sont régis par les contraintes sociales informelles (coutumes, religion, morale, etc.). Les liens sociaux sont solides. Les coûts de transactions sont faibles ou peu élevés. Les gens s'entendent relativement bien et la menace d'usage de la violence permet de faire régner l'ordre social (North, 1991 : 99).

L'accroissement des échanges intervillages dilue les liens familiaux et sociaux. L'augmentation du volume d'échanges augmente le risque de conflits. La quasi-absence de l'État laisse aux préceptes religieux le soin d'orienter les comportements des acteurs dans les transactions. Les coûts de celles-ci sont élevés. Des ressources plus importantes doivent être mobilisées pour la signature des contrats et ententes commerciaux (North, 1991 : 99).

Durant les échanges sur de longues distances, les acteurs peuvent assurer le transport des marchandises par les caravanes ou par les navires. Cette étape exige une mutation importante et bouleverse l'organisation ou la structure économique. Les acteurs doivent, par conséquent, développer de nouvelles fonctions et habitudes, afin de comprendre la nouvelle géographie. Une pareille mutation s'accompagne d'un développement du centre d'échanges (marchés et villes). Elle se caractérise aussi par l'économie d'échelle, notamment en agriculture. La spécialisation géographique commence aussi (North, 1991 : 99).

Selon North (1991), le développement des échanges sur de longues distances pose deux problèmes distincts. L'un est le problème classique d'agence qui provoque les coûts liés à l'évaluation de l'effort et de l'efficacité de l'agent chargé de négocier à distance les ententes commerciales en faveur du marchand (ou de l'organisation). Plus le volume d'échanges augmente, plus le problème d'agence devient un dilemme. L'autre problème provient de la négociation des contrats et de l'application des termes de l'entente dans des régions éloignées. Durant cette phase, le développement d'instruments particuliers, d'institutions et d'organisations permet de développer les transactions à distance. Les unités de mesure (poids, volume, etc.), les instruments d'échanges (monnaie), les nouvelles professions (notaires, consuls) et les nouvelles institutions juridiques (tribunaux marchands et enclaves territoriales de marchands étrangers protégés par des Princes en retour de revenus) se développent également. L'agriculture demeure l'activité principale (North, 1991 : 99-100).

Dans la phase finale, North (1991 : 101-102) observe l'économie d'échanges diversifiés dans les sociétés occidentales. Cette économie se caractérise par le développement de modes de production de plus en plus spécialisées. D'où l'émergence des organisations à structures hiérarchiques. Les ouvriers spécialisés sont regroupés dans des processus séquentiels de production. Les villes importantes apparaissent dans le paysage. Elles sont des plaques tournantes de l'industrie naissante et du commerce. L'agriculture évolue vers l'industrie et la main-d'œuvre diminue à la suite de la mécanisation. L'exode rural s'accélère. Dans cette évolution, l'anonymat des villes et l'impersonnalité des échanges brisent les liens familiaux, traditionnels ou religieux et obligent ainsi à élaborer de nouvelles règles sociales et de nouvelles contraintes. Les termes du contrat et de l'échange doivent être respectés et les institutions informelles sont de moins en moins présentes. De plus, la spécialisation nécessite plus de ressources pour encadrer les transactions (commerce, finance, banque, assurances et coordination des activités économiques). De nos jours, la spécialisation internationale et la division du travail requièrent des institutions et des organisations qui protègent les droits de propriété au-delà des frontières nationales.

Dans un monde marqué par l'interdépendance entre producteurs spécialisés et où le bien-être des individus dépend du comportement d'un grand nombre d'acteurs (ou agents économiques), les échanges sont impersonnels. Des gains sont réalisés grâce au mensonge ou par opportunisme. Pour prévenir de tels agissements, des structures institutionnelles complexes doivent être mises en place afin de contraindre les participants (acteurs et clients) et à minimiser les coûts de transactions.

L'étude de North (1991) montre que, dans les sociétés occidentales, des structures formelles (de contrats) ont été élaborées (système de garanties, marques de commerce, systèmes complexes de supervision et d'observation, etc.) afin de faire respecter les droits de propriété. Malgré leur faiblesse pour chaque transaction prise isolément, les ressources utilisées sont importantes ; la productivité est grande. En effet, puisqu'elles exercent une incidence sur les échanges entre les individus (coûts de transaction, possibilités de coordination), les institutions ont une influence sur la croissance économique et affectent particulièrement les comportements, ainsi que les valeurs (ententes, normes sociales et préférences). Cette logique peut conduire au développement économique que nous pouvons définir en suivant l'étude de North (1991), comme la croissance économique et l'efficacité des transformations institutionnelles efficaces. Inversement, la croissance économique a un impact sur les institutions (changements technologiques, pratiques conflictuelles, importance des marchés, droits de propriété, internationalisation de l'économie). La croissance économique remet en cause les institutions traditionnelles. L'évolution des institutions dépend de la recherche de l'efficacité, des groupes d'intérêts et de l'action collective. La recherche de l'efficacité passe par la réduction des coûts de transactions et les coûts d'information. Mais les institutions sont toujours minées par l'inefficacité due aux problèmes d'agence, à une information imparfaite et à l'opportunisme. Les groupes d'intérêts et l'action collective permettent d'augmenter le pouvoir de négociation des acteurs dans les différentes transactions. Mais la coopération n'est pas toujours atteinte pleinement et la capture de la rente est toujours problématique.

Que sait-on, par exemple, de l'idée de la société du passé diffusée par les manuels scolaires au Congo-Belge sur la culture du travail et la représentation du colonisé par le colonisateur ?

L'idée de la société du passé au Congo-Belge

Le Congo économique était la plus grande affaire dont tout le monde dépendait en Belgique. Cette conception matérialiste correspondait à tout ce que tous les administrateurs coloniaux pensaient. Pour cela, il fallait modeler le colonisé à l'image du colonisateur :

> De lui-même, le Noir ne prendra pas la bonne route. Il pourrait planter des palmiers ; mais il ne plantera pas de palmiers. Nous lui donnerons des graines ; mais il ne le mettra pas en terre. Nous sommes prêts à lui enseigner la culture ; mais il n'est pas disposé à écouter nos leçons. S'il doit être sauvé, il ne sera sauvé que par nous : à nous de le prendre par la main. Ce qu'il lui faut, c'est un chef qui lui dise : « prends la houe ». Et il prendra sa houe. « Fais ton champ ». Et il fera son champ... Quand nous l'aurons ainsi, pas à pas, conduit jusqu'au stade de la petite palmeraie en plein rapport, nous pourrons enfin lui dire : « Voilà ton bien. Et maintenant, fais ce que tu veux ». Ce jour-là, notre tâche d'éducateurs sera remplie ; ce jour-là le sauvage peu à peu transformé se réveillera paysan. Jusqu'à ce que nous ayons pu pousser au bout l'expérience, l'obligation des cultures de rapport à faire par l'indigène, à son profit exclusif, doit demeurer inscrite dans la loi (Pétillon, 1985 : 62).

Cet extrait atteste du paternalisme belge, de la prétendue supériorité intellectuelle du colonisateur. Le colonisateur se donne la mission de transmettre au colonisé son savoir en apportant des changements qualifiés de modernisation et de développement. Il s'agit de générer de nouvelles formes d'organisation devant déboucher sur la prospérité économique et le bien-être matériel du colonisé. L'instruction et la propriété privée devraient mener à son bien-être matériel et à son intégration dans la colonie. Dans cette logique, la sujétion du colonisé est à la fois culturelle, politique et économique. Ce dernier est réifié, considéré comme un sauvage, homme nature et paresseux. Le belge, c'est-à-dire l'occidental est l'humain, fier et intelligent. Cette représentation du colonisé amène le colonisateur à s'arroger le droit de confisquer des terres jugées vacantes et sans maître. Les administrateurs coloniaux obligent les chefs colonisés à signer des traités de renonciation de la souveraineté. Ils nomment, ensuite, les nouveaux chefs avec lesquels ils signent des accords. Les colonisateurs prétendent qu'une utilisation extensive de la terre est inefficace et inférieure aux techniques agricoles intensives. Par décret, ces terres se retrouvent confisquées par le gouvernement colonial ; puis, par le gouvernement postcolonial. Les terres non arables, à faible rendement et lointaines sont attribuées aux autochtones. Ces derniers sont parfois confinés dans des espaces de refuge, comme la réserve de *Luki*, un espace de préservation de l'environnement. Cette analyse confirme les travaux de Iwewe (2007), Leroy (2007 ; 1991), Mungangu (1997), Mathieu et Mafikiri (1999). La spoliation du foncier s'est effectuée dans un mépris total des droits fonciers autochtones.

Le missionnaire belge Rubben (1928 ; 148) exprime sans détour et de façon brutale le même mépris, la même perception négative à l'égard du colonisé dans un autre manuel de lecture :

> On divise les hommes de ce monde en quatre sortes, notamment celles-ci : les Noirs, les Jaunes et les Rouges. Les Blancs habitent l'Europe ; ils se sont dispersés à travers le monde, en Asie, en Afrique et en Amérique. Ils dépassent tous les autres en intelligence.

Cet extrait exprime la hiérarchie sociale marquée par la domination du colonisateur sur l'autochtone, tout en promouvant un fort sentiment d'appartenance à la colonie. L'inégalité des races est affirmée partout comme dans cette autre déclaration tirée d'un livre de lecture des élèves du primaire :

> Tous les Africains ne se ressemblent pas quant au niveau de la connaissance ; certains dépassent les autres. Les *Baganda* n'ont pas détruit leur intelligence par la paresse. Les *Baganda* sont un peuple qui dépasse les autres peuples de l'Afrique centrale en intelligence (Carpenter, 1929 : 31 et 39).

Les représentations exprimées dans les manuels scolaires coloniaux montrent que le système scolaire diffusait des images négatives du colonisé et de sa société. L'indigène et sa culture y étaient présentés négativement. Le racisme y était fréquent. La hiérarchisation des autochtones en races y était omniprésente. En disant que les *Baganda* étaient supérieurs aux autres Africains de la sous-région, l'enseignement opposait les uns aux autres. Il s'appuyait sur les uns pour mieux dominer et exploiter les autres. L'autochtonie fait l'objet d'un chapitre de ce livre. Aujourd'hui, comment les Congolais démunis font-ils pour faire face à l'adversité ?

CHAPITRE II
LES PRÉ-COOPÉRATIVES DANS UN CONTEXTE HUMANITAIRE

PERSPECTIVES HISTORIQUES

SITUATION HUMANITAIRE PRÉCAIRE : CONTEXTE D'ÉTUDE

Avant 1960, l'organisme CARITAS de l'Église catholique romaine aidait les populations à lutter contre des épidémies (Hunt, 1999) et leur apprenait à se prendre en charge par le travail agricole productif. Porte-parole des colonisés qui n'avaient pas la possibilité d'exprimer leurs idées, elle interpelait le pouvoir colonial sur les problèmes de santé. Durant la période de décolonisation entre les années 1950 à 1960, l'aide publique au développement (APD) était au premier plan de la coopération internationale (Young, 1985). L'humanitaire et la reconstruction des États n'étaient pas à la Une de l'actualité de l'APD. Dans les années 1970, on a assisté à l'émergence des organisations caritatives privées qui commençaient à occuper le terrain traditionnellement réservé à la coopération et à la diplomatie de l'État.

L'Armée du Salut, CARITAS et la Croix-Rouge sont venus au secours des victimes de la guerre déclenchée par la rébellion muléliste de 1964 à 1967 (Verhaegen, 1973) dans la province orientale, au Maniema et au Sud-Kivu. Ces organisations et MSF sont intervenues dans les mêmes provinces en 1978, en 1980 lors des deux guerres du Shaba (1978, 1980) et de 1990 à 1993 lors des purifications ethniques contre les kasaïens afin de soulager les souffrances des populations civiles. De 1994 à 2001, l'Est du Congo a été le théâtre d'une intervention humanitaire massive en faveur des réfugiés rwandais et des déplacés internes congolais qui n'étaient pas pris en compte dans la définition classique du Haut Commissariat des Nations unies pour les réfugiés (HCR). L'aide humanitaire a été distribuée en présence des armées dans les camps de réfugiés installés à la frontière et à l'intérieur du Congo.

En septembre 1991, des soldats des forces armées zaïroises se sont mutinés et ont pillé la capitale. Les jeunes désœuvrés leur ont emboité le pas. Les usines, les banques, les services publics, les compagnies privées, les étrangers, les simples citoyens ont été dépossédés de leurs biens. Les Européens résidant dans le pays ont été évacués sous l'escorte des parachutistes belges et français (Makungu, 2006).

L'histoire s'est répétée en janvier 1993. Après le versement des soldes en billets de cinq millions en zaïre-monnaie — lesquels avaient été démonétisés la veille par le premier ministre élu par la conférence nationale souveraine (Etienne Tshisekedi) — que les entrepreneurs de tout bord refusaient de consommer, les soldats des forces armées zaïroises (y compris ceux de la garde prétorienne de Mobutu) et les badauds ont pillé la ville de Kinshasa pendant trois jours. Le tissu économique a été complètement détruit (Makungu, 2006).

Après les émeutes de 1991 et celles de 1993 à la suite des crises politiques, les parents des sinistrés, les communautés locales (quartiers, églises, groupes religieux, associations) ont répondu à la crise dans un élan de solidarité et de générosité pour aider les victimes des magasins pillés, des services incendiés, des usines pillées et celles des licenciements massifs à la suite de la destruction du tissu économique local. La présence des médias et la disponibilité des images sensationnelles ont propagé l'onde de choc. La gravité de la situation humanitaire est apparue sur les écrans de télévision et sur les pages des journaux nationaux et étrangers. Les images ont éveillé l'attention du public. Pendant ce temps, la malnutrition a fait son apparition en milieu périurbain. L'UNICEF (The United Nations Children's Fund) a financé les soins médicaux de ces victimes. Le PAM (programme alimentaire mondiale) leur a distribué des aliments secs et des boîtes de conserve. Le JEEP (Jardins et Élevages de Parcelle)[53], une ONG locale, a initié les périurbains à l'agriculture urbaine. L'Union européenne (UE) a pris, ensuite, le relais. Dans certains cas, ces distributions d'aliments ont aggravé quelques cas de malnutrition : « il se peut que le paquet alimentaire arrive au ménage, mais que l'alimentation additionnelle n'arrive pas chez l'enfant... Ce qu'on sait,

53 Après avoir bénéficié du soutien de la population, la recherche appliquée menée au département de biologie de l'Université de Kinshasa par le professeur Jacques Paulus s'est transformée en 1989 en organisation non gouvernementale (ONG) dénommée « Jardins et Élevages de Parcelle (JEEP) ». Le staff comprenait 5 personnes. Les agents de terrain étaient affectés dans chaque communauté d'appartenance des résidents. Ils se réunissaient deux fois par mois et faisaient le point des difficultés rencontrées. Ces rencontres leur permettaient de faire le point des activités. Les bénévoles qui les accompagnaient étaient formés aux thèmes de vulgarisation du JEEP et étaient supposés assurer la continuité des actions du volet « développement » à la fin du projet. Tous les membres de la direction et les agents de terrain travaillaient à temps partiel. Le choix de JEEP se justifiait par le fait que, dans la perception congolaise, est pauvre surtout celui qui reçoit à manger d'un inconnu, d'un étranger. Il fallait apprendre aux gens à travailler la terre minimalement. Ce volet du programme s'est aussi occupé de la réhabilitation du maraîchage, ancienne activité locale considérée par certains néo-citadins comme activité arriérée, de la ré-introduction des légumes abandonnés, du tout petit élevage et de l'arboriculture à la périphérie de la ville de Kinshasa. Il visait à sensibiliser les familles ayant des enfants mal nourris en bas âge et leurs voisines ayant des enfants en bas âge à entreprendre l'activité de maraîchage à domicile ou dans les environs de leurs habitations et à fréquenter les centres de santé pour y recevoir des soins médicaux et l'éducation alimentaire. Il associait étroitement les chercheurs de l'université, les vulgarisateurs du service national.

cependant, c'est que les enfants qui sont intégrés dans le programme récupèrent en fait trop lentement si on compare la période moyenne de récupération avec ce même indice dans des programmes similaires, ailleurs dans le tiers-monde » (De Herdt, 1998 : 10). De Herdt (1998 : 11) ajoute : « Ainsi, le problème de pauvreté – dans le cas de la malnutrition — est paradoxalement engendré par le programme de lutte contre la pauvreté ! »

Cette distribution d'aliments détruisait également les alternatives existantes comme la pratique des cultures locales.

Pour tenter de relever ce défi, le JEEP a proposé à ces organisations humanitaires d'ouvrir un volet développement dans le programme de lutte contre la malnutrition protéino-énergétique, parallèlement à la distribution gratuite des denrées alimentaires. Cette malnutrition était conjoncturelle. Ce volet financé par l'UE consistait à apprendre à ces personnes vulnérables à se prendre en charge en entreprenant des cultures maraîchères, du petit élevage et de l'arboriculture. Il était urgent d'intervenir en faveur des citadins à la suite de l'insécurité alimentaire dans les quartiers situés à l'ouest de la capitale nationale à Mabanza lemba, à Kindele, habité par environ 10 000 habitants en 1998, et Kimwenza habité par à peu près 1100 cent habitants au cours de la même année.

Pour la Banque mondiale, la sécurité alimentaire consiste en « l'accès de toutes les personnes à tout moment à suffisamment de nourriture pour mener une vie active et saine » (2008). Selon la FAO, « La sécurité alimentaire signifie que des aliments sont disponibles à tout moment, que tous y ont accès, que ces aliments sont appropriés du point de vue nutritionnel, tant en quantité qu'en qualité et en variété, et qu'ils sont acceptables sur le plan culturel » (Koc et alii, 2000 : 1).

À analyser cette définition, la sécurité alimentaire paraît être une aspiration, voire un rêve, une utopie auxquels peuvent conduire certains choix politiques comme l'investissement dans certaines cultures agricoles.

La vulgarisation agricole des activités productives permettrait d'impulser l'agriculture périurbaine : « L'agriculture localisée dans la ville et à sa périphérie, dont les produits sont destinés à la ville et pour laquelle il existe une alternative entre usage agricole et urbain non agricole des ressources ; l'alternative ouvre sur des concurrences, mais également sur des complémentarités entre ces usages : foncier bâti et foncier agricole, etc. » (Smith et *alii*, 2004 : 28).

OBJECTIFS

Les objectifs de ce volet développement, lors de la première année, consistaient à amener chaque famille à planter au moins 10 pieds du *Psophocarpus Scandens*[54] dans la parcelle d'habitation, de posséder au moins deux plates-bandes (de 12 m^2 de surface chacune), d'autres légumes verts de son choix. Chaque famille devait se procurer les semences de bonne qualité. De plus, la famille impliquée dans ce volet devait planter au moins un arbre fruitier. La durée nécessaire pour planter, récolter et consommer ces légumes variait entre 4 et 8 semaines. Les familles qui ont réussi à conduire régulièrement des cultures légumières pouvaient solliciter au JEEP un crédit en nature pour se doter d'un petit élevage. Après avoir mené une recherche appliquée auparavant, le JEEP avait l'expertise en matière de jardinage. Qu'en est-il de l'humanitaire ?

L'HUMANITAIRE APRÈS LES PILLAGES

À la suite de la fin de la bipolarité entre le communisme et le capitalisme occidental dans le monde, la grille de lecture de l'action humanitaire non gouvernementale en situation de crise dans le monde repose sur une approche dualiste (action humanitaire non gouvernementale d'urgence versus humanitaire d'État). Cette approche a été enrichie grâce aux ouvrages de Brauman (1995), Ryfman (1999), Pandolfi (2000), Le Pape (2001) et Rieff (2002) qui ont mis en évidence les forces, les effets pervers, la médiatisation des désastres ou crimes, la mécanisation des opérations (machineries logistiques) et autres faiblesses des pratiques humanitaires. L'humanitaire d'urgence comprend des activités spécifiques en situation de crise (catastrophes naturelles, conflits armés), notamment la livraison de l'aide en nourriture, en médicaments et en abri aux populations civiles menacées ou victimes du harcèlement meurtrier. L'humanitaire d'État renvoie à l'aide au développement, à long terme, en faveur des pays où des populations sont en situation de précarité matérielle. Les principes de base de l'humanitaire peuvent se résumer comme suit :

« Toute action humanitaire est légitimée par ses intentions. Elle ne défend jamais des intérêts particuliers, car la posture humanitaire comme intentionnalité est universelle et non sujette à instrumentalisation.

- L'action humanitaire se légitime par la nécessité de réparer le dommage causé par la rupture d'un équilibre préexistant ; elle est autant restauratrice que transformatrice.

54 Appelé localement *Kikalakasa*, le *Psophocarpus Scandens* est un légume traditionnel galactogène ayant une teneur exceptionnelle en protéines (39 % du poids sec).

- Le scénario politique légitimant une opération humanitaire dépend de la nature institutionnelle de ses acteurs, mais construit leur indépendance politique tant du local national que de l'international intergouvernemental » (Pandolfi, 2000).

Dans une situation de crise, tous les acteurs de l'humanitaire aussi bien francophones (Médecins sans frontières [MSF], Action contre la faim, etc.) qu'anglo-saxons (Care International, Oxfam, etc.) s'efforcent de réduire la souffrance d'êtres humains. Si la visée éthique de l'action humanitaire est un acte en faveur de ceux qui souffrent, elle répond, néanmoins, à une urgence et elle est palliative, non curative et impuissante face aux situations graves comme les massacres.

Les agences de l'ONU, les ONG nationales et internationales[55] fournissent l'aide humanitaire aux personnes sinistrées par les mêmes causes, réfugiées[56] et déplacées[57]. Mais ces différents acteurs agissent indépendamment les uns des autres, sans consultation ni planification communes. Leurs pratiques varient sensiblement (Ryfman, 1999). Certaines ONG sont victimes de pillages, de violences, et leurs membres sont menacés par des groupes armés.

Pour les MSF déçus par la neutralité de la Croix-Rouge, l'aide d'urgence se double du devoir de témoigner publiquement. Cette attitude ressemble à un service de propagande tacite au profit des groupes persécutés. L'humanitaire doit s'affranchir de la politique et savoir parler et penser en termes politiques (Brauman, 1996).

Dans certaines interventions d'urgences, les armées des pays développés larguent des vivres et des médicaments aux sinistrés. Les États-Unis l'ont fait en 2001 en Afghanistan. Toutefois, ces interventions militaires s'expliquent souvent par la nature des intérêts stratégiques et économiques.

Depuis la fin de la guerre froide en 1989, on observe un mouvement de régionalisation ou de coalition de maintien de la paix dirigée par un État (la coalition en Afghanistan en 2001 et en Irak en 2003 commandée par les États-Unis ; l'ECOMOG[58] commandé par le Nigéria au Libéria et en Sierra Leone ; l'OTAN[59] dans les Balkans et l'Australie au Timor oriental). Une des explications possibles de cette mutation est que les conflits armés ne se déroulent plus nécessairement entre États, mais ils ont pris le visage de guerres ethniques ou de guerres civiles entre groupes armés dépendant des « seigneurs de guerre » et des armées d'État. Ce sont les « nouveaux conflits », c'est-à-dire les conflits armés opposant les factions politiques rivales à l'intérieur du pays ou les guérillas menées pas les « aigris » du système politique

55 La Croix-Rouge, MSF, etc.

56 Celles qui ont traversé la frontière internationale.

57 Celles qui restent à l'intérieur des frontières nationales.

58 West Africa's peacekeeping mission (Les Forces ouest-africaines de maintien de la paix).

59 Organisation du Traité de l'Atlantique Nord.

cherchant à avoir accès au « gâteau national » (les fonds publics). Ces interventions militaires continuent, mais elles correspondent davantage à la volonté de puissance. Les opérations humanitaires du Soudan (1989), celles de l'Angola (1990), de la Bosnie (1992), du Kurdistan irakien (1991), de la Somalie (1992-1995), du Rwanda (1994), du Kosovo (1999) et de l'Afghanistan en 2001 ont montré que l'aide humanitaire était livrée en présence des forces militaires chargées d'en assurer la sécurité.

Dans ce contexte, le soupçon d'instrumentalisation est entretenu par ceux qui redoutent les excès des États puissants sur des États faibles ou, au contraire, par ceux qui craignent la régression des États faibles face aux acteurs privés difficilement contrôlables. Dans un témoignage, Pandolfi a circulé dans les camps des réfugiés en Albanie et au Kosovo. Elle y a observé les acteurs qui venaient en aide aux réfugiés. Elle a accompagné des réfugiés au Kosovo. Elle en a conclu que les actions humanitaires ont été dissoutes dans la raison d'État occidental. Les acteurs de l'humanitaire ne se sont pas affirmés comme des acteurs indépendants. Leurs actions étaient intégrées dans la machine aliénante de la puissance militaire occidentale. Pandofi exprime dans son témoignage la contradiction de l'intervention humanitaire en ces termes :

> Il faut retenir surtout que l'armée humanitaire sape les institutions locales souvent au point de les détruire, même lorsqu'elle prétend vouloir les respecter. Elle met en œuvre une temporalité qui ne tient aucun compte des stratégies et des institutions locales. « Le bon plaisir du prince » est la formule qui rend le mieux compte de la contradiction dans laquelle se débattent ces actions. Elles se fondent sur des émotions indiscutables (victimisation, compassion, pathologisation, indignation) qui empêchent toute analyse critique de la complexité de la situation réelle (2000).

Selon Pandolfi, l'action humanitaire a été instrumentalisée et ralliée au droit d'ingérence (idéologie chère à Bernard Kouchner, ancien administrateur de l'ONU au Kosovo et ancien patron de la diplomatie française que l'ONU a adoptée). La confusion des rôles tenus par les acteurs indépendants et les États n'a pas joué en faveur de l'amélioration des conditions des personnes vulnérables. On a observé cette situation ailleurs. La peur de la manipulation de l'aide humanitaire était présente au Congo-Brazzaville (Le Pape, 2001).

Pour Rieff (2001), qui a couvert la guerre en Bosnie, l'humanitaire est la dernière incarnation de la banalité du mal. Rieff propose, en conséquence, que les organisations humanitaires abandonnent les campagnes de sensibilisation, parce que tout cela donne le faux espoir aux bénéficiaires et aux bienfaiteurs que la souffrance humaine peut être vaincue par l'action collective. Selon lui, les horizons d'une intervention humanitaire sont absurdes aussi longtemps qu'il n'y a pas de possibilité d'action à long terme. Il faudrait alors inventer de nouvelles stratégies d'intervention. Dans ce contexte, il est nécessaire d'imaginer une nouvelle grille de lecture de l'action humanitaire dans les pays du Sud.

La distribution des aliments aux populations pour assurer leur survie en cas de famine répond à une nécessité d'urgence, mais elle peut avoir des effets secondaires négatifs et n'est pas une solution de longue durée. Dans le système d'aide humanitaire, les ajustements sont actuellement en cours afin de concevoir et de mettre en œuvre des interventions d'urgence. Les perspectives d'évolution sont encore embryonnaires. Nous voudrions proposer une conception de l'intervention humanitaire au Sud qui consiste à aller directement sur le terrain pour entrer en contact avec les gens sinistrés et fragilisés pendant ou après la crise en vue de les aider à mener des actions durables de développement.

Cette contribution présente les actions de coopération décentralisée en situation d'urgence entre les bailleurs de fonds internationaux et une ONG locale dans le cadre d'un programme de lutte contre la malnutrition à Kinshasa[60] de 1996 à l'an 2000. Ce projet voulait comprendre les souffrances, mais aussi les aspirations des réfugiés, des déplacés et des citadins fragilisés à retrouver une vie normale, à travailler à nouveau pour subvenir aux besoins élémentaires, et à s'épanouir.

L'objet de cette étude de cas est d'étudier les activités durables menées dans le cadre d'exécution de ce volet et leur impact socioéconomique tant sur les individus que sur les pré-coopératives. La question principale à laquelle nous nous efforcerons de répondre est la suivante : comment, après les émeutes et l'intervention d'urgence, le volet développement du projet de lutte contre la malnutrition à Kinshasa a-t-il permis aux familles dont les enfants étaient mal nourris de compter de façon durable sur leurs propres efforts, d'acquérir la capacité à autoproduire de façon durable en agriculture urbaine et à soigner ces enfants en période de crise aiguë de 1996 à 2000 ? Ce faisant, nous préciserons les objectifs de ce volet développement ainsi que les résultats obtenus.

Notre hypothèse de recherche est que, dans une action humanitaire où on veut passer de l'aide d'urgence à l'économie solidaire et au développement local durable, le volet développement est un processus d'expansion des activités productives pérennes en agriculture et en élevage dans des familles impliquées dans ce volet, et que le microcrédit est un atout. Nous examinerons tour à tour les éléments suivants : problématique (y compris l'historique), méthodologie, activités durables de reconstruction sur le terrain, analyse des résultats obtenus.

60 Cette ville dont la population est estimée à environ 6 millions d'habitants. C'est un immense marché des denrées alimentaires

Quant à la méthodologie, le projet concernait une population de 249 familles, dont 63 familles monoparentales ayant des enfants mal nourris à Kindele et à Kimwenza, deux quartiers où résident des communautés multiethniques. La méthodologie insistait sur la participation effective du citadin nécessiteux ou du maraîcher intéressé à l'ensemble du processus de création de techniques appropriées, et donc aussi aux évaluations menées au cours de celui-ci. Au préalable, une enquête ethno-botanique sur les ressources locales délaissées et l'écodéveloppement, un diagnostic agronomique et socioéconomique avaient été réalisés en milieu périurbain, afin de déterminer les besoins en techniques des principaux systèmes de production des maraîchers et d'inventorier les ressources végétales locales délaissées. Pour satisfaire ces besoins, plusieurs techniques ont été expérimentées à l'intérieur même des parcelles ou exploitations situées dans les vallées. Il s'agissait de comparer les résultats des techniques proposées à ceux des techniques traditionnelles. Le diagnostic fait en milieu périurbain a permis d'identifier les principaux problèmes, dont le chômage généralisé des citadins, la pauvreté du sol sableux, etc. Ainsi, le groupe de recherche avait proposé aux citadins d'utiliser les techniques suivantes : plantation des légumes sur les plates-bandes, claustration des productions et d'animaux élevés, utilisation des déchets du café décortiqué et des déchets ménagers recyclables afin de fabriquer de l'humus. Ces innovations techniques avaient été testées dans chaque jardin de démonstration du centre de santé impliqué dans la lutte contre la malnutrition. Les agents de terrain ont aidé à recueillir les données de ce calcul. Nous avons calculé les résultats économiques sur un petit nombre (10) des producteurs impliqués dans ce volet développement exécuté par le JEEP.

LE JEEP, UNE ONG LOCALE

Après avoir bénéficié du soutien de la population, la recherche appliquée s'est transformée en 1989 en ONG. Grâce à la coopération décentralisée, le JEEP vise depuis 1998 à promouvoir l'autoamélioration de la santé par la production agricole péri-case ou parcellaire d'aliments selon les principes d'écodéveloppement (Sachs, 1980). Tous les cinq membres de la direction et les agents de terrain travaillaient à temps partiel. Les bénévoles, en majorité des femmes accompagnant les agents de terrain, étaient formés sur les thèmes de vulgarisation du JEEP (jardinage, fertilisation du sol par compostage, lutte contre les parasites, petit élevage, alimentation, stratégie de vente en groupe, etc.) et étaient chargés d'assurer la continuité des actions de ce volet à la fin du projet. Il fallait apprendre aux gens à travailler la terre minimalement. Il sensibilisait les familles aux enfants mal nourris en bas âge et leur entourage à entreprendre l'activité de maraîchage à domicile, à valoriser les ressources locales comme le *Psophocarpus Scandens* (ou d'autres ressources négligées) et à fréquenter les centres de santé pour recevoir des soins médicaux et l'éducation nutritionnelle.

ACTIVITÉS DURABLES DE RECONSTRUCTION SUR LE TERRAIN

Dans ce volet développement, le JEEP travaillait directement avec les familles impliquées dans le projet et leur entourage. Il intervenait également en passant par les paroisses des églises catholiques, protestantes et autres, le bureau diocésain des œuvres médicales et les centres de santé qui avaient exprimé le souhait de participer à la mise en œuvre de ces activités. Les agents du JEEP communiquaient à la population concernée un message double. L'aspect nutritionnel consistait à améliorer la quantité et la qualité des aliments du ménage à travers la production parcellaire. L'aspect économique visait à générer des revenus additionnels par la vente du surplus. De plus, le JEEP donnait des conseils techniques, un appui logistique et des crédits en nature. Les appuis accordés n'étaient pas gratuits ; les bénéficiaires couvraient à moitié les frais de transport de l'approvisionnement. L'ONG les encourageait à mettre en place des pré-coopératives d'approvisionnement.

Les membres des communautés des résidents impliqués dans ce volet ont organisé des pré-coopératives d'approvisionnement en intrants et des ventes groupées bâties sur une mutualité. Chaque personne devait s'aider elle-même. Leur communauté de destin était fondée sur une condition sociale largement commune et une appartenance territoriale. Les membres devaient construire un lieu de dépôts des intrants à un endroit de leur choix. Ils devaient recueillir des fonds, passer des commandes d'intrants et s'arranger avec un transporteur pour évacuer les biens achetés et requérir un crédit auprès de l'ONG.

Le JEEP a accordé à chaque pré-coopérative un fonds de démarrage remboursable. Tous les membres ont bénéficié des séances de formation agricole animées par les agents de terrain. La première année, ils ont prouvé que, si l'occasion leur était donnée, ils amélioreraient leur sort eux-mêmes. La deuxième année, des difficultés de fonctionnement ont commencé à surgir. Quelques associés n'accomplissaient pas les tâches communautaires. Personne n'a initié une solution de rechange. Les liens de solidarité que l'on voulait instaurer à travers ces coopératives n'avaient pas de sens aux yeux de certains sociétaires maraîchers et éleveurs.

Pendant neuf mois, les familles impliquées dans ce volet ont bénéficié des deux rations sèches mensuelles de maïs (30 kg) et du soja (5 kg) distribués dans les centres de santé de 30 quartiers gérés par « Santé pour tous[61] » où les enfants recevaient des

61 Projet du ministère de la santé publique.

soins médicaux grâce à l'aide médicale de l'UNICEF et à l'aide alimentaire fournie du PAM et de l'Union européenne.

Les familles ont participé à ce volet en aménageant un espace et en fournissant de la main-d'œuvre, afin d'appliquer les stratégies de développement. Le JEEP a mis un agent de terrain à leur disposition ainsi que le matériel nécessaire payé par les bailleurs de fonds. Le montant d'un crédit de semence variait entre 1 et 12 $ US. Chaque famille a reçu un crédit d'outils aratoires : une houe (2 $), une bêche (4,25 $), un râteau (5,70 $), un arrosoir d'une valeur de 9 $ US et des semences.

À partir de la deuxième année, les familles qui avaient pratiqué le maraîchage et aménagé un espace d'élevage ont obtenu, à leur gré, des crédits en nature, soit des canards (2 femelles et 1 mâle d'une valeur de 15 $ US), soit des poules (25 poussins, soit 30 $ US et aliments conséquents selon l'âge), des lapins (2 femelles et 1 mâle, soit 27 $ US, des aliments concentrés complémentaires dont le prix d'un sac de 25 kg était de 12,5 $ US) et des cobayes (2 femelles et 1 mâle, soit 6 $ US) qu'elles ont élevés en claustration.

Ce volet permettrait aux familles d'acquérir des plantules d'arbres fruitiers, notamment, celles de l'arbre à pain, de l'avocatier et d'un papier sélectionné. Ces plantules qui n'étaient pas données gratuitement étaient plantées dans des trous d'un mètre cube enrichis à l'engrais vert.

Le JEEP a prévu dans son budget un fonds de roulement pour faciliter l'accès du public à des ressources financières adéquates pour le développement de ses activités. Sans exiger des garanties matérielles, le crédit se faisait en argent et en nature. Il concernait les intrants, l'équipement en outils, les animaux, les aliments concentrés et les produits vétérinaires. Chaque débiteur signait un contrat et gardait une copie. Le JEEP en gardait une autre. Le débiteur connaissait le montant du prêt et le taux d'intérêt.

Les données recueillies ne nous permettent pas de déterminer s'il y a eu la mécanisation des opérations dont parle Pandolfi (2000). L'intervention massive des ONG humanitaires a permis à certains chômeurs locaux de travailler et de bénéficier d'un salaire modique, mais supérieur à l'échelle salariale locale. D'où une augmentation du coût de la vie. Les nationaux qui se sont engagés dans cette intervention ont acquis un capital symbolique de médiation. Mais certaines élites locales les considéraient comme des personnes acquises à la cause de l'étranger. Les informations livrées par ces organisations sur les actions bienfaisantes à venir de la communauté internationale en faveur des populations étaient relayées par toutes les radios périphériques et la presse écrite privée nationale. Cela traduisait leur dépendance vis-à-vis des ONG internationales bien équipées et disposant de l'information attendue dans un contexte de crise. La presse nationale a été discréditée. Cette situation donnait l'impression que la décomposition de l'État était telle que celui-ci avait perdu le contrôle de la gestion de la chose publique. Les effets de la présence de ces organisations sur la communauté nationale n'étaient pas souvent unificateurs. On montrait, à une chaîne de télévision privée, les autorités locales humiliées et diminuées de leur pouvoir lorsqu'elles étaient reçues en audience par le représentant de l'ONU pour se faire légitimer. L'actualité nationale était produite par les experts de l'humanitaire et leurs alliés locaux selon un style de généralisation calqué sur les textes types de l'ONU. Pandolfi (2000) l'a aussi observé.

Le nombre des ONG nationales a augmenté. Certaines livraient de l'aide en nourriture et d'autres de l'aide en médicaments et en abri. Ce qui confirme l'observation de Ryfman (1999) sur la variété des pratiques d'intervention humanitaire. Au nom de la démocratie, les plateformes se faisaient et se défaisaient pour contribuer au débat sur le rôle de la société civile après les crises. Cette société civile née pendant les années de contestation (la décennie 1990) fonctionnait sans autonomie financière sous l'influence des ONG internationales. Le « néocolonialisme[62] » des organisations internationales a été dénoncé plus d'une fois par la presse gouvernementale.

À la fin de la première année de vulgarisation de ce volet du projet en 1998[63], sur 249 familles aux enfants mal nourris (435 parents mariés, vivant en couple et monoparentaux) ou ayant eu des enfants mal nourris, 197 mères (de 16 à 35 ans) étaient analphabètes (45,29 %) et 101 pères étaient semi-lettrés (23,21 %). Les autres parents ayant des enfants mal nourris étaient lettrés et avaient terminé au moins quatre années d'études secondaires (31,5 %). 201 familles étaient d'origine rurale (80,72 %). Elles étaient déjà prédisposées à pratiquer le travail de la terre. Elles regroupaient environ 312 enfants mal nourris[64] et 1237 membres de leurs familles.

La sécurité alimentaire n'était pas assurée à la suite de tous les événements décrits précédemment. À Kinshasa, dans les années 1990, plusieurs familles pouvaient s'offrir un repas par jour. Dans d'autres familles, l'on mangeait à tour de rôle. Aussi était-il fréquent que des ménages entiers ne mangent pas pendant vingt-quatre heures. La santé de tous était fragilisée.

Grâce au maraîchage initié par ce volet, les forgerons et autres artisans ont eu l'occasion de vendre leurs produits à des prix intéressants. Le développement a mis à contribution différents acteurs. 1549 personnes ont bénéficié directement des effets positifs de ce programme. Les enfants des gens moins instruits fréquentaient peu les centres nutritionnels. Toutes ces familles impliquées dans ce volet avaient accepté de planter le *Psophocarpus Scandens*. Mais, 161 familles seulement (64,65 %) ont atteint l'objectif de planter 10 pieds du *Psophocarpus Scandens*. Parmi ces 161

62 Une certaine volonté de puissance, une volonté de dicter tout.

63 Selon MSF, on comptait environ 2896 enfants de 6 à 59 mois d'âge atteints de la malnutrition dans les centres nutritionnels encadrés par cette ONG dans la ville de Kinshasa en janvier 1998 (Donnée recueillie par mes soins).

64 89 % de ces enfants étaient âgés de 6 à 59 mois et souffraient de malnutrition aiguë avec œdème.

familles, 49 ont réussi partiellement les cultures légumières sur une plate-bande de 10 m^2 chacune. 112 familles ont atteint l'objectif de produire des légumes sur au moins deux plates-bandes de 10 m^2 chacune. 38 familles (15,26 %) ont dépassé ce dernier objectif. 50 familles impliquées (20,08 %) dans le projet n'ont atteint aucun de ces deux objectifs. Ces familles étaient constituées essentiellement de jeunes mères monoparentales exclues socialement et peu intéressées au travail contraignant de la terre.

52 familles ne se sont pas impliquées dans le projet par manque d'espace et, peut-être également, par manque de motivation. Leurs enfants sont morts dans la majorité des cas. Après une année de pratique du maraîchage, les 197 familles impliquées dans le projet consommaient régulièrement et en quantité suffisante une variété des légumes frais. Elles ont ajouté d'autres variétés de légumes propres à leurs traditions alimentaires dans les plates-bandes. Les récoltes ont augmenté. Les ventes groupées des pré-coopératives rapportaient plus d'argent que les ventes individuelles. Le coût de transport était partagé entre coopérants. Le niveau de dépense quotidienne par personne dans dix familles que nous avons suivi pendant une semaine est passé de 0,16 $ à 0,77 $ à la fin de la première année d'exécution de ce volet développement.

Même si la sécurité alimentaire, selon la définition de la FAO citée au début de ce texte, est un idéal difficile à réaliser, ces familles ont fait un bond en avant sur ce plan. Elles sont parvenues à une certaine autonomie et une certaine autosuffisance alimentaire. À la fin de la troisième année, soit en 1999, 89 familles (45,17 %) poursuivaient régulièrement les activités de maraîchage et comptaient plus de dix plates-bandes. Leurs productions étaient vendues aux revendeurs des marchés locaux.

Au cours de l'exécution de ce projet, aussi bien les femmes que les hommes pratiquaient le maraîchage. On retrouvait plus d'hommes dans les cultures intensives des vallées destinées à la vente sur les marchés locaux et les femmes dans les parcelles et le long des routes. Pendant l'évaluation des effets de ce volet en 1999 et en 2002, les parents qui avaient réussi dans ces activités voulaient envoyer à l'école leurs enfants guéris de la malnutrition grâce à l'argent gagné. Bien formés, ils ont relativement atteint la réussite sociale grâce à la forte demande en légumes dans la ville. L'argent de l'humanitaire dépensé sur place, celui de la « débrouille » locale et celui que les Congolais de l'étranger envoyaient permettaient aux citadins de consommer. Si cette tendance se maintenait dans la vie de ces citadins impliqués dans ce volet émergerait une culture d'épanouissement de soi dans leur vie sociale. Tollens et Kinkela Savy (2001) ont fait remarquer que le maraîchage a contribué à l'approvisionnement en légumes des familles de Kinshasa pendant les périodes des troubles sociopolitiques.

À partir de la deuxième année, 87 familles (44,16 %) qui ont pratiqué le maraîchage et aménagé un espace d'élevage ont obtenu, à leur gré, des crédits en nature, soit des canards, soit des poules, des lapins et des cobayes qu'elles ont élevés en claustration. Tous leurs enfants ont recouvré la bonne santé.

À la fin de la troisième année du projet, en 2000, 11 familles sur 17 (64,70 %) qui avaient reçu des lapins les élevaient, poursuivaient ce travail et en vendaient à des particuliers. Leurs enfants ont été presque tous guéris de la malnutrition. Une famille a réussi à vendre un lot de 35 lapins à un hôtel de la place à un prix intéressant au kilogramme. Cette rentrée financière a permis au couple d'investir cette somme dans un moulin à céréales et tubercules secs. L'élevage a contribué à son *empowerment*[65]. Ce couple a équipé sa communauté des résidents d'un service de proximité[66] qui a contribué à alléger une partie du travail de la femme consistant à piler du maïs ou du manioc.

29 sur 41 familles (70,73 %) ayant reçu des canards les élevaient, en mangeaient de temps en temps et en vendaient quelques-uns sur les marchés locaux.

2 sur 7 familles (28,57 %) ayant reçu des pigeons ont réussi à développer l'élevage. Ils en avaient plusieurs dizaines et en vendaient souvent sur les marchés locaux. Les 5 autres familles avaient abandonné cet élevage.

Sur 3 familles qui possédaient des cobayes, deux n'ont pas réussi cet élevage. Dans une autre famille à Kindele dont le père était très entreprenant, le cheptel de dix femelles a produit 345 cobayes au cours d'une année d'exploitation. L'argent gagné a permis à la famille d'élever des lapins avec 4 reproducteurs.

La plantation d'arbres fruitiers était le maillon faible de ce projet. 15 familles ayant des enfants mal nourris ont adopté l'arboriculture et ont fait pousser un avocatier sélectionné et un papayer amélioré, 9 autres familles plus de 2 arbres fruitiers sélectionnés et au moins 1 arbre à pain. L'élevage et l'arboriculture étaient pratiqués surtout plus par les hommes.

Les évaluations des activités de terrain de 1999 et celles de 2002 ont confirmé que toutes les familles qui ont relativement réussi dans l'une ou l'autre activité vulgarisée entre 1996 et 2000 continuaient à la pratiquer (JEEP, 1999 et 2002). Des expériences agricoles analogues ont été réalisées en Afrique de l'Ouest. Elles ont résorbé une partie de l'exode rural (Fall T. et Fall A. S, 2001).

La pratique du microcrédit a contribué à renforcer la cohésion sociale entre acteurs liés par un intérêt commun et désireux de sortir du cycle de la misère. Elle permettrait relativement aussi à ce public de maîtriser l'économie de marché et de développer des compétences de gestion. Le crédit en aliment concentré était parfois

65 La capacité à se prendre en charge.

66 Les services de quartiers (moulins à céréales, boutiques, garderies privées des enfants, gardiennage d'animaux ou des installations, restaurants populaires de quartier, aides à domicile, etc.)

sous-distribué à cause de l'enclavement de certaines communautés d'appartenance des résidents et de manque d'esprit d'initiative des pré-coopératives naissantes.

Certes, les sommes du crédit de semences étaient faibles. Mais, grâce à elles, les requérants produisaient et remboursaient la quantité de semences reçues. Le JEEP proposait des solutions aux problèmes des familles ayant des enfants mal nourris, tout en leur laissant la liberté de choix des ressources à mettre en valeur. Mais, celles-ci ont échoué, les familles faisaient porter la responsabilité de l'échec à l'organisation.

Nous avons observé, pendant notre présence sur le terrain[67], que la plupart des enfants mal nourris issus des familles monoparentales, dont les mères étaient délaissées, étaient accusés de sorcellerie (*kindoki*). Cela menait à l'exclusion de la famille monoparentale du clan, et l'enfant malade n'avait pas la chance de survivre en dehors de la solidarité du clan. La cohésion régresse en contexte de crise. Autrefois, chez les Bakongo[68], celui qui était accusé de sorcellerie avouait sa culpabilité et se repentait. La cohésion et la stabilité du groupe étaient consolidées par cet acte de reconnaissance (Balandier, 1982 : 380-381). À la suite de la crise aiguë qui a frappé la ville de Kinshasa, la distanciation était devenue la stratégie d'individuation. Le phénomène observé des enfants sorciers (De Boeck, 2004) fragilise les solidarités claniques. Aussi une mère qui a un enfant mal nourri est-elle objet de mépris de la part de la société. Elle est considérée comme paresseuse.

Au moment de l'exécution de ce projet, l'accusation de sorcellerie était l'argument le plus fort utilisé pour se débarrasser d'un enfant indésirable. À Kinshasa, les familles qui recevaient l'aide alimentaire d'un étranger[69] ou d'un inconnu étaient parfois l'objet de risées (ou de moqueries), et considérées comme pauvres et paresseuses. C'était disqualifiant. Les familles impliquées dans ce volet ont commencé à produire elles-mêmes une partie de leurs aliments. L'accroissement de leur capacité à se nourrir a diminué leur vulnérabilité. Selon Sen A. (2000), les capacités sont les possibilités réelles de choix social permettant l'accomplissement d'un individu, le niveau de satisfaction des besoins humains permettant de se comporter en homme. Sur ce point, l'analyse empirique de ce volet confirme l'idée de Brauman, Pandolfi et Rieff selon laquelle l'humanitaire s'efforce de réduire la souffrance d'êtres humains.

Ce volet a permis à ces familles d'accéder au droit au premier développement consistant en des systèmes locaux d'échange, bref « l'économie de rez-de-chaussée » les marchés urbains élémentaires et les petites boutiques d'artisans, sorte de

67 A Kimwenza, quartier habité par les Bantandu et les Manianga, deux composantes de l'ethnie Kongo.

68 Personnes de l'ethnie Kongo vivant en RDC, au Congo-Brazzaville et en Angola.

69 Selon la rumeur, les citadins racontaient que le maïs et le soja états-uniens distribués par les PAM étaient génétiquement modifiés et que les conséquences pourraient être mauvaises pour la santé.

« plancher de la vie économique », lesquels forment les indispensables ressorts sans lesquels le développement à une échelle devient impossible (Braudel, 1985 : 116). Elles ont écoulé leurs produits sur les marchés locaux. Ceux-ci ont retrouvé leur rythme. Les taxes ont été payées à la municipalité. Baratier considère l'ensemble de ces systèmes locaux comme le tissu économique initial (2005 : 34). Une étroite imbrication s'est peu à peu tissée entre le formel et l'informel (Makungu, 2004). L'humanitaire peut impulser le développement local grâce à ses effets structurants.

L'approvisionnement en eau d'arrosage était aléatoire, voire très difficile à Kindele et à Kimwenza. Maractho (2004) a constaté, dans « Le robinet est en grève », les mêmes aléas de la distribution de l'eau en milieu périurbain. De plus, l'élevage en liberté des animaux domestiques rendait les cultures très difficiles à la périphérie de la ville où les habitations n'ont pas de clôture ni de haie.

Ce volet était trop centré sur la population cible. On n'a pas pu impliquer l'ensemble de la communauté et les priorités n'ont pas été identifiées à partir des défis vécus (dont celui de la malnutrition) par l'ensemble de celle-ci. On n'a pas fait de travail transversal à cause de la limitation sur le groupe cible.

Le besoin de crédit reste important dans un contexte marqué par les risques de production et le besoin d'assurer la sécurité alimentaire. Le JEEP doit avoir une expertise sur la gestion du système de financement décentralisé, puisque l'organisation n'a pas de vision stratégique de gestion de ce type de système.

Le JEEP a reçu plusieurs financements des bailleurs de fonds internationaux. Sa crédibilité vis-à-vis de ces bailleurs de fonds tenait à la fois à ses actions de terrain, mais aussi à la personnalité de son directeur. Le fait d'être entouré des nationaux qualifiés et instruits lui donnait beaucoup de reconnaissance localement. Le fait d'être Européen, jésuite, homme âgé et professeur d'université lui ouvrait plusieurs portes. Même si la réussite dans cette expérience est mitigée, le JEEP a capitalisé son expérience, en créant un réseau d'agriculture urbaine de Kinshasa regroupant les ONG qui travaillent dans le domaine agricole dont l'objectif était de promouvoir la santé par l'alimentation. Beaucoup d'ONG locales ont adhéré à ce réseau dont le représentant auprès des bailleurs de fonds pourrait garantir leur accès à des financements extérieurs. Ce caractère unipersonnel du JEEP caractérise plusieurs ONG de Kinshasa. Comme la coopération officielle avec les pays du Nord était suspendue à l'époque, la rente du développement transitait par des réseaux d'intermédiaires étrangers et nationaux. Olivier de Sardan (1995 : 160) a fait le même constat dans d'autres pays du continent : « L'émiettement du pouvoir des États rend par exemple les États africains incapables de drainer ou de contrôler une partie significative des flux Nord-Sud, du fait de la méfiance qu'ont désormais à leur égard les bailleurs de fonds. Les ONG fondées par les Européens résidant sur place et quelques nationaux deviennent de « nouveaux médiateurs et courtiers de développement. »

À la fin de ce volet, l'absence d'institutions financières accessibles a rendu difficile l'investissement dans les activités de production en expansion.

La première tranche de l'aide en faveur des victimes de crises humanitaires provenait des familles et des communautés qui avaient accueilli les victimes en partageant leurs propres ressources limitées. La seconde tranche provenait des interventions nationales et internationales humanitaires. Dans son mode de gestion administrative, l'humanitaire tend à se constituer sur la forme d'une culture homogénéisant globale qui impose ses règles de fonctionnement à toutes les organisations d'aide (Pandolfi, 2000).

Après l'exécution de ce volet du programme de l'action humanitaire, la réduction apparente de la précarité matérielle ou de la pauvreté n'est pas encore établie dans les familles ayant eu des enfants mal nourris. Mais celles-ci ont appris à compter sur leurs efforts. Les distributions des aliments ayant cessé, elles ont acquis une première expérience de travail en pré-coopératives (Makungu, 2004), malgré le manque d'appropriation de la structure. Ce volet du programme de lutte contre la malnutrition a également permis aux personnes sinistrées, affaiblies et pauvres de sortir de la plus grande précarité créée par le contexte de crises, en devenant de tout petits producteurs agricoles (Baratier, 2005). Ce mode d'intervention s'inscrit bien dans le prolongement de l'action humanitaire.

CHAPITRE III
LA COOPÉRATION EN MILIEU PÉRIURBAIN À KINSHASA

En milieu périurbain (semi-rural), les citadins licenciés (ou compressés) de la fonction publique, les néo-citadins chômeurs, les cultivateurs, de petits et même de tout petits éleveurs font « l'agriculture localisée dans la ville et à sa périphérie, dont les produits sont destinés à la ville et pour laquelle il existe une alternative entre usage agricole et urbain non agricole des ressources ; l'alternative ouvre sur des concurrences, mais également sur des complémentarités entre ces usages : foncier bâti et foncier agricole, eau destinée aux besoins des villes et eau d'irrigation, travail non agricole et travail agricole, déchets ménagers et industriels et intrants agricoles, coexistence en ville d'une multiplicité de savoir-faire dus à des migrations, cohabitation d'activités agricoles et urbaines génératrices d'externalités négatives (vols, nuisances) et positives (espaces verts) » (Olanrewaju et *alii*, 2004 : 28). Nous avons observé pendant l'enquête de terrain[70] que nous avons menée en 1999 et en 2003 une multiplication d'associations ou de coopération entre producteurs agricoles (éleveurs, cultivateurs, maraîchers nécessiteux) dans le but de fonctionner collectivement et solidairement.

Kinshasa connaît une urbanisation forte à la périphérie de son territoire, si bien que l'agriculture urbaine (élevage et cultures) bénéficie d'un stimulant plus fort. C'est un marché impossible à saturer. L'agriculture est à la base d'un commerce assez intense que suscite la vie moderne : viande, tubercules, légumes, fruits, autres produits de jardinage et de traite (huile de palme, tabac, etc.) destinés à la consommation des citadins. L'artisanat, qui occupe une si grande place dans la ville, est en osmose permanente avec le monde semi-rural. En 1997, les activités agricoles représentaient 39,5 % des revenus périurbains des citadins (ministère de l'Agriculture et de l'Élevage, 1998). Ainsi, une des caractéristiques de l'urbanisation congolaise comme celles d'autres régions urbaines des pays africains, tels le Cameroun et le Nigéria, réside dans une osmose des dynamiques rurales et urbaines (Chaléard, 1996 : 31-33).

70 Pour plus des détails sur cette enquête se reporter à Makungu (2009).

L'enquête de terrain a été réalisée auprès de 119 répondants, dont 47 femmes. À Kinshasa, les relations entre les petits éleveurs[71] et les tout petits éleveurs[72] pendant les années 1990 semblaient être de plus en plus valorisées par rapport à leurs relations au travail productif. La précarité de la situation socioéconomique a amené les petits éleveurs et les tout petits éleveurs à sentir la nécessité de se regrouper en vue d'accéder efficacement à l'information, au marché et à d'autres services. La confrérie était la forme élémentaire de réorganisation associative que pratiquaient les éleveurs pour mettre la solidarité[73] au service de tous.

ASSOCIATION DE PROXIMITÉ

Dans le cadre de cet élevage périurbain, les citadins ont tissé des liens entre eux grâce, notamment, aux multiples associations urbaines regroupant les personnes d'une même classe d'âge, d'une même circonscription administrative (des associations culturelles), les anciens élèves de certaines écoles secondaires et les anciens étudiants de certains instituts et universités locaux ou étrangers. La moitié des répondants à notre enquête ont affirmé être membres de confréries, d'associations de voisinage, etc. pour mobiliser des ressources et faciliter l'accès aux intrants, au crédit éventuel et à la commercialisation des biens produits. L'association peut également prendre en charge les différents coûts et les risques correspondants et assurer la promotion des associés.

Pour L..., un petit éleveur du quartier Kingasani, l'expérience associative entre éleveurs dans une confrérie est vécue comme suit :

« Nous avons fondé le *kimpangi*[74]. Avec deux autres éleveurs habitant dans le quartier, nous échangeons des observations sur notre élevage. Nous achetons des provisions ensemble pour alléger la charge de transport. Discuter avec quelqu'un de nos activités est déjà un privilège. Discuter de différents cas de maladies, faire un achat groupé et vendre ensemble sont des événements qui nous intéressent tous ».

M..., un autre petit éleveur répondant à l'enquête, corrobore cette expérience vivante des liens sociaux dans la filière de l'élevage :

« Vous voyez, il y a B... en élevage des poulets de ponte ici à Mont Ngafula. Le numéro 1, c'est monsieur B... D'habitude, je me mets toujours en contact avec les

71 Du point de vue de la taille, les éleveurs de volaille conduisant des bandes de 51 à 2000 sujets (poulets de ponte ou de chair) et les éleveurs de porcs soignant plus de 5 sujets reproducteurs.

72 Les éleveurs de volaille conduisant des bandes dont les effectifs vont jusqu'à 50 sujets (poulets de ponte ou de chair) et les éleveurs de porcs dont le nombre de reproducteurs varie entre 1 et 5 reproducteurs.

73 Les citations utilisées dans ce texte sont anonymes.

74 Ce mot en langue *kikongo* signifie confrérie, camaraderie.

travailleurs de la ferme de monsieur B... Quand on augmente ou on réduit les prix sur le marché, ils passent chez moi m'informer. Assez souvent, si tu es en marge de l'information sur ceux qui sont les locomotives de la filière, tu es perdant. Elles suivent attentivement le cours des aliments que nous donnons aux poules ».

L'idée de *kimpangi* vient de la culture *Kongo* de la province de Bandundu qui encourage les personnes de même classe d'âge à se regrouper pour effectuer un certain nombre des travaux champêtres, des constructions ou des cueillettes. Le groupement est formé par entente. L'adhésion est libre. Les relations y sont horizontales, le fonctionnement démocratique, et, souvent, les décisions se prennent par consensus. La priorité est accordée à la régulation des relations internes et externes des membres. En ce sens, ce type de regroupement diffère d'une confrérie ancienne : il vise essentiellement à réaménager les relations extérieures. Une structure préexistante de solidarité est ainsi réutilisée à des fins d'organisation économique. La confrérie des éleveurs se constitue sur base des relations préexistantes de parenté, d'affinité et de camaraderie. L'approche du travail est socioéconomique au niveau local. Elle permet aux associés de résoudre des problèmes sociaux en portant attention aux obstacles les plus manifestes liés à l'emploi et au manque de services de base. Cette solidarité professionnelle est doublée assez souvent d'une solidarité de voisinage ou résidentielle, proche de la solidarité familiale vécue dans les rapports sociaux de parenté.

En effet, l'un des problèmes auxquels font face les éleveurs est la criminalité. Ces regroupements servent à sécuriser les membres en cas de vols à mains armées. De ce point de vue, l'approche utilisée dans leur travail est sociopolitique : il a pour ambition de résoudre le problème de l'insécurité (le vol) à travers un travail de défense de leurs biens et droits. Leur approche de travail est aussi socio-institutionnelle, parce que les éleveurs recourent aux démarches scientifiques comme les traitements et les experts vétérinaires.

Par leurs usages, leurs mythes et leurs rites, les confréries sont presque des sociétés de travail. Par leurs valeurs et leurs objectifs, ces associations sont ouvertes au monde, orientées vers la maîtrise des métiers et la promotion des compétences. Ce sont de quasi « protocoopératives » essentielles pour envisager ensemble l'avenir (Pelletier, 1991 : 78). Leurs principes correspondent à ceux contenus dans les statuts de l'Alliance coopérative internationale (ACI).

Notre enquête sur le terrain nous a permis d'observer d'autres pratiques d'entraide et de coopération. Si la relation de confiance est établie, un petit éleveur ou un tout petit éleveur en rupture de stock d'aliments ou de produits vétérinaires sera toujours soutenu par un autre. D'autres éleveurs associés partagent avec leurs voisins des légumes ou d'autres victuailles. De ce point de vue, l'approche est également sociocommunautaire à la suite de la dimension importante de l'entraide.

Au commencement de ce type de regroupement, la stratégie lignagère était très utilisée en élevage périurbain. Certains répondants à l'enquête ont déclaré avoir recouru aux liens tribaux et claniques pour apprendre et pour développer leur activité. En parlant du lancement de son élevage, B..., un petit éleveur, explique la solidarité par ces mots simples :

« J'avais observé cette pratique d'élevage chez mon frère W... résidant sur avenue Lwezi... Elle m'a beaucoup intéressé. Je m'y suis alors investi. Ce frère *Muyombe*[75] m'a appris à élever. Quand je dois abattre un animal, je préviens tous les *Bayombe*, même si un autre éleveur en a abattu un ».

Si certains répondants à l'enquête ont pu bon an mal an faire prospérer à flot leur élevage, ils le doivent, dans une certaine mesure, à leur ancrage dans la communauté ethnique. Imprégné de la culture de la compétition permanente pour l'excellence, du dynamisme commercial, du sens de l'épargne, de la solidarité de clan soutenue par un solide pragmatisme, ce petit éleveur *muyombe* qui travaillait en famille élargie a su intégrer son élevage dans sa communauté. Selon toute probabilité, des structures propres (commercialisation, épargne pour mobiliser un capital nécessaire) à la communauté ethnique ont joué un rôle important dans son parcours. Les consommateurs et les petits détaillants de son groupe ethnique s'approvisionnent en grand nombre chez lui. Cette stratégie est utilisée tant par les petits éleveurs que par les tout petits éleveurs répondant à notre enquête. Ceci confirme les propos de Marie (1994) à propos de la solidarité contemporaine en Afrique en parlant de l'expérience ivoirienne. Cependant, cette solidarité ne peut pas se renforcer sans des rites.

Les rites qui renforcent les sentiments d'appartenance des membres aux associations sont la solennité qui se traduit par la consommation commune de vin de palme le dimanche matin, le repas partagé avec les autres confrères lorsque l'un d'eux abat une bête, la ronde faite dans le quartier en sous-groupes la nuit pour sécuriser leurs unités d'élevage, le fait de promener les chiens de garde ensemble le matin et le soir, les salutations par répétitions élogieuses du nom de famille parsemant la vie quotidienne de petites litanies cérémonieuses, etc. Cela règle les interactions verbales et contribue à tisser des liens sociaux. Ces modes de relations sociales augmentent les chances d'un individu de développer ses relations sociales et d'étendre son réseau des connaissances.

À Kinshasa, les petits éleveurs et les tout petits éleveurs instruits, semi-lettrés et âgés manifestent une capacité remarquable à renouer le contact de liens distendus avec des parents éloignés dès qu'ils y trouvent leur compte. Le petit éleveur cité précédemment (B...) croit qu'il est « une chance pour les siens » (les *Yombe*) ; ceux-ci lui font confiance. La parenté ainsi que les clientèles capitalisées dans différents

75 De l'ethnie *Yombe* ou *Bayombe*.

champs sociaux apparaissent bien souvent comme des opérations de liaison, d'ailleurs activées ou mises en demeure au gré des intérêts d'ordre économique. Des cas similaires de coopération ont été étudiés par Warnier (1993 ; 1995) chez les *Bamiléké* du Cameroun et par Lelart (1989) dans plusieurs pays de l'Afrique de l'Ouest où existent des associations multiformes.

ASSOCIATIONS CULTURELLES

Les producteurs associés d'une confrérie comme les citadins-éleveurs sont en même temps membres des organisations associatives selon l'origine géographique, la profession, l'ethnie, la promotion scolaire ou le sexe. Pendant les années 1990, les associations les plus connues selon l'origine géographique et ethnique étaient ALLIBA (Alliance de *Bangala*), ABAKO (Alliance de *Bakongo*), etc. En situation de crise, ces associations contribuent à aider matériellement, socialement et politiquement tous les ressortissants de l'ethnie et les adhérents volontaires. Organisées et structurées sur une nouvelle base (critères différents de ceux de la société ancienne), ces organisations sont chargées de collecter les cotisations des membres, les dons et legs des fils et filles nantis ou pas de l'ethnie, de l'entité administrative, etc. Tout ressortissant de la région ou membre de l'ethnie occupant une position de pouvoir politique ou économique est tenu d'en faire profiter les membres de l'association. Ces associations se composent de nombreux canaux de solidarité qui, du sommet de la hiérarchie au bas de l'échelle sociale, organisent des relations de dépendances successives, comme le remarque Marie (1994) dans ses travaux sur la Côte d'Ivoire.

Selon les résultats de notre enquête, l'intérêt commun des petits éleveurs et des tout petits éleveurs est de développer l'association et le sentiment d'appartenance afin d'atteindre leurs objectifs. Le recours de plus en plus fréquent à ces espaces sociaux (confréries, associations des ressortissants de...) pour le travail en milieu périurbain va nécessiter à l'avenir un réel professionnalisme des organisations associatives.

Dotées des statuts et des règlements d'ordre intérieur, les confréries et les associations culturelles sont dirigées chacune par un comité composé d'un(e) président(e), d'un(e) vice-président(e), d'un(e) secrétaire et d'un(e) trésorier(e). Ceux-ci sont élus par vote à main levée lors d'une assemblée pour une durée de 2 ou 3 ans. La capacité de lire, celle de résoudre des problèmes et la bonne réputation sont les critères d'éligibilité. Ce type d'organisation est nouveau parce qu'il atteste la tendance de ces organisations à faire valoir la division du travail au sein de chaque regroupement. La solidarité organique dont parle Durkheim (1960 : 100) s'instaure progressivement au sein du regroupement. C'est une avancée significative des mentalités par rapport aux pratiques traditionnelles dans lesquelles les personnes âgées avaient tous les pouvoirs et les participants appartenaient au même clan ou à la même ethnie.

En fait, ces initiatives locales d'associations permettent l'émergence de dirigeants locaux qui envisagent d'opérer des changements sociaux et politiques localement.

La troisième forme d'organisations associatives (plus connue et structurée) que nous avons observée lors de notre enquête est dénommée *muziki* (association féminine d'épargne). Certaines femmes éleveuses et les épouses des éleveurs appartenant à toutes les ethnies en sont membres actifs. Elles ont la même occupation, vivent dans le même milieu et se connaissent bien. L'objectif de leur regroupement est de donner à tour de rôle à chaque femme une somme d'argent représentant l'épargne hebdomadaire ou mensuelle de toute l'association. L'argent provient de chaque membre qui cotise selon une périodicité. La trésorière du *muziki* fait le tour des habitations à une date précise pour collecter la part de chaque membre. La cotisation versée est égale pour tous. L'attribution des montants recueillis se fait selon un ordre établi, mais flexible et l'utilisation de chaque somme remise à un membre est libre. Une fois le tour de *muziki* terminé, un autre tour recommence. Les membres s'engagent dans la durée. Certaines femmes utilisent ces sommes d'argent soit pour renforcer leur élevage ou celui de leurs époux (partenaires), soit pour lancer une quelconque activité marchande. Cela leur donne un certain pouvoir économique dans le ménage et contribue à réduire les inégalités entre les sexes. D'autres membres les utilisent pour financer les dépenses sociales (maternité, hospitalisation, mariage, etc.). Ils ont pu accomplir à différentes époques, avec une apparente permanence formelle, des fonctions diverses résultant des changements économiques et sociaux. Cette pratique d'association d'épargne atteste l'arrivée des femmes comme partenaires dans les associations du Sud, comme le dit Desroche (1991).

Lors des rencontres des *muziki*, les rituels consistent à chanter les chansons populaires, à danser et à raconter les mythes du passé sur la force de l'union. La bénéficiaire offre à boire et à manger, de façon modérée, aux autres visiteuses. Ces rites permettent de développer les sentiments d'appartenance aux regroupements.

En effet, les rapports sociaux de voisinage entre femmes membres d'un même regroupement sont caractérisés par un échange réciproque de nourriture et ingrédients. C'est une sorte de contrat d'échange amical, le prêter et le rendre, le donner et le recevoir.

Dans les trois types de regroupement que nous venons de présenter, la solidarité fondée sur la réactivation des structures anciennes dépasse la solidarité ancienne. Reposant sur le lien des activités professionnelles, elle se vit au niveau de l'environnement résidentiel et non clanique ou ethnique. Elle fait appel à l'interconnaissance sans laquelle la confiance ne serait possible. Ces expériences concrètes d'économie populaire et solidaire sont en train de forger une économie solidaire qui en est une de partage, et au service des gens, contrairement à la morale du chacun pour soi. Les associés démunis s'engagent dans le processus de production des biens.

Les effets attendus de l'association et de la coopération sont importants, tant sur le plan individuel que sur le plan collectif : la réduction des coûts de production grâce aux achats collectifs, l'augmentation des bénéfices dus aux ventes groupées, les ristournes versées successivement aux membres, des occupations ou emplois créés par des regroupements de travail, etc. Ce sont des réponses escomptées par les membres de ces regroupements, ainsi que l'a observé Lachance dans son étude. Seul prévaut l'intérêt général. Le local est revalorisé. Le degré d'incertitude baisse (North, 1991), puisque les sociétaires s'appuient sur la structure. Selon les principes[76] établis, cette coopération réinventée, grâce à la solidarité, se rapproche de la coopération moderne. Les membres qui contreviennent à l'engagement de cotisation sont exclus de l'association et ceux qui détournent les biens de l'association peuvent être traduits en justice. Cependant, les confréries, les associations d'épargne et les associations culturelles, éprouvent la difficulté de maintenir la dynamique participative, parce que la participation dans tous ces regroupements, en tant que construit social, n'est jamais acquise. De même, il n'est pas facile de développer une culture d'entreprise nécessaire pour tenir longtemps sur le marché ni de se faire reconnaître par les autorités locales. Develtere (1998) avait donc raison de soutenir que la coopération demeure une tâche ardue.

En effet, la survie et la pérennité des organisations associatives dépendent de l'engagement des citadins-éleveurs sur le long terme, parce que la construction de l'économie solidaire est une démarche de moyen et long terme. D'où la nécessité d'un minimum de ressources économiques (le foncier, les ressources humaines et financières), sociopolitiques (réseaux de solidarité, projet de société) ou culturelles (niveau de formation, autoformation). Les organisations associatives sont sélectives et ne regroupent que les acteurs qui éprouvent la nécessité de se rassembler pour sécuriser et vendre les produits des activités marchandes sur les marchés et qui ont la capacité de le faire. Les producteurs les plus importants (donc déjà intégrés aux marchés) et les plus petits producteurs (dépourvus de moyens et dont la nécessité d'association n'est pas ressentie) sont exclus de ces organisations.

Les confréries, le muziki ou l'association d'épargne et les associations culturelles regroupent des personnes impliquées dans les productions animales (et végétales) en agriculture périurbaine, un secteur stratégique pour l'alimentation en produits vivriers d'une ville en expansion sur le plan démographique. Elles sont le résultat de nouvelles nécessités et de nouvelles capacités d'action qui se définissent par rapport à des enjeux et à des contraintes modernes. Fondées sur les valeurs de solidarité du lignage, de solidarité résidentielle, de solidarité religieuse et de démocratie des usagers, elles ont été créées par les sociétaires et pour ceux-ci afin de répondre

76 L'adhésion volontaire, l'entraide, le sens moral des membres, la démocratie directe et la ristourne.

à leurs besoins. Les réseaux traditionnels préexistants leur servent de noyau de solidarité pour entreprendre des actions collectives. Cette solidarité vécue est un rapport social regroupant des personnes dans un projet collectif. Celles-ci se mettent ensemble et entreprennent des actions pour le bénéfice commun. Leur économie solidaire émerge et s'appuie sur la coopération, le partage et l'action collective. Elle met la personne au centre du développement économique et social.

Pour atteindre leurs objectifs, les organisations associatives doivent être rentables. Aussi les sociétaires doivent-ils consentir des sacrifices en leur accordant des dons, en y travaillant comme bénévoles ou comme employés maigrement rémunérés. Ces nouvelles organisations peuvent profiter du désengagement de l'État dans le secteur agricole pour mobiliser des ressources diverses. Elles peuvent s'appuyer sur des ressources sociopolitiques (comme les alliances avec les acteurs extérieurs) et des ressources culturelles, comme la prise de conscience de leur capacité à améliorer leur situation socioéconomique. Les stratégies associatives utilisées sont axées sur le retour à l'autosuffisance alimentaire, sur l'entreprise individuelle et sur l'entreprise communautaire.

Dans cette dynamique, ces associations et petites communautés de travail pourraient annoncer une structure novatrice de la société à venir. En effet, elles sont un instrument de la socialisation des membres adhérents. Décentralisées, autonomes, elles cherchent une fédération d'unités productives indépendantes des structures formelles locales en décomposition.

Ces réseaux sociaux regroupant des acteurs individuels et des acteurs collectifs reposent sur des rapports d'identification entre les membres participants à l'organisation. Chacun des participants s'identifie aux autres, grâce au sentiment d'adhésion. Son statut de membre est alimenté par la différenciation par rapport à d'autres personnes. La connexion de chacun avec les autres membres est directe.

Ce modèle d'organisations associatives représente un capital social sans lequel aucune capitalisation n'est possible en économie moderne. Le capital social est un « ensemble des ressources actuelles ou potentielles qui sont liées à la possession d'un réseau durable de relations plus ou moins institutionnalisées d'interconnaissance et d'inter reconnaissance ; ou, en d'autres termes, à l'appartenance à un groupe, comme ensemble d'agents qui ne sont pas seulement dotés de propriétés communes (susceptibles d'être perçues par l'observateur, par les autres ou par eux-mêmes), mais sont aussi unies par des liaisons permanentes et utiles » (Bourdieu, 1980 : 2). Le capital social comprend le réseau relationnel d'un individu, mais aussi les ressources potentielles que peut mobiliser chacun des membres du réseau. C'est donc « la somme des capitaux et des pouvoirs qu'un réseau permet de mobiliser » (Bourdieu 1980 : 3).

Les membres des organisations associatives des producteurs en agriculture périurbaine doivent réfléchir en profondeur à leurs objectifs propres pour ne pas disperser des énergies. Ils doivent orienter ou canaliser leurs activités vers les populations sur lesquelles elles auraient une incidence plus efficace. L'un des besoins les plus urgents est l'expertise sur les modes de gestion du crédit aux petits producteurs périurbains. Mais on n'a pas encore commencé à s'interroger sur ce sujet. Grâce à un système de crédit bien organisé, l'action des organisations associatives devra viser l'intensification de la production animale et celle de la production végétale.

De plus, les pays en développement, dont la RDC, connaissent une explosion démographique, particulièrement sensible dans les villes (Ngondo S. et *alii*, 1992). La croissance urbaine la plus rapide se produira dans les pays les moins bien nantis en matière d'alimentation. Les besoins alimentaires iront croissant et la production alimentaire augmentera sensiblement dans les deux ou trois prochaines décennies. L'agriculture urbaine pourra répondre aux défis alimentaires et écologiques (Olanrewaju B. et alii, 2004).

Sur le plan économique, l'importance et la diversité des besoins à satisfaire par la production animale (et même végétale) attribueront un rôle essentiel aux petits producteurs et à leurs organisations associatives. Dans le domaine sociopolitique, même si la modernisation de l'agriculture est un objectif à long terme dans le contexte de la RDC, ces organisations associatives contribueront à l'autonomie alimentaire de la ville peuplée, à la protection de l'environnement et à l'élargissement des espaces d'apprentissage de la démocratie. Dans le domaine idéologique, elles aideront à faire prendre conscience aux producteurs agricoles d'opérer des changements sociaux en tentant de créer un autre modèle de société et un autre modèle de développement propre à leur milieu. Cette solidarité réinventée contribuera à améliorer la vie du plus grand nombre de la population, à condition que l'État congolais génère les conditions du progrès technique. Pour y parvenir, la première étape est la recherche scientifique pour comprendre comment fonctionne la nature. La deuxième étape consiste à comprendre un principe scientifique et à l'appliquer pour améliorer les outils de production. Qui dit nouveaux outils dit nouvelles méthodes de travail, il faut alors fournir un effort de formation de la population. Toutes ces étapes nécessitent de gros investissements. Il faudra donc favoriser l'investissement dans la recherche, l'amélioration de l'outil de production et la formation. Il n'y aura pas de progrès technique, sans augmentation de l'investissement.

CHAPITRE IV
LA COOPÉRATION EN MILIEU RURAL ENTRE PRODUCTEURS DE SOJA AU BAS-CONGO

Depuis l'avènement de la crise économique qui a éclaté lors du choc pétrolier de 1973, la mondialisation néolibérale qui s'en est suivie durant les années 1980 et 1990 et la récente crise mondiale de 2007, la RDC vacille politiquement, économiquement et socialement. Les politiques d'ajustement structurel imposées par la Banque mondiale (BM) et le Fonds monétaire international (FMI) ont conduit à la décennie « perdue » du développement (sur le plan économique) en Afrique[77]. Les caisses de l'État sont vides à la suite des remboursements de la dette extérieure et de la chute des prix des matières premières. Les communautés rurales qui vivent surtout de l'agriculture paysanne se sentent abandonner et ne bénéficient pas d'un encadrement agricole nécessaire, elles ne profitent pas non plus de la vulgarisation agricole. Les produits agricoles ne sont plus évacués aisément vers les centres de consommation (villes et cités) à cause du mauvais état généralisé des routes de desserte agricole. Les paysans sont ruinés, mal nourris et vivent dans l'insécurité alimentaire. Paysans et citadins n'ont plus accès à une nourriture en qualité et en quantité suffisante en tout temps. Face à tous ces obstacles rencontrés, paysans et producteurs agricoles de palmiers, de café, etc. initient la création des regroupements pour chaque filière agricole, afin de promouvoir leurs droits économiques, sociaux et d'assurer la sécurité alimentaire. Nous nous proposons de montrer comment ces regroupements s'organisent en filière (comme celle du soja) afin de surmonter les difficultés rencontrées dans le processus de production, de commercialisation en vue de négocier le meilleur prix de vente des produits agricoles. Comment les regroupements des

77 Dans de nombreuses régions du monde en voie de développement – et tout particulièrement en Amérique Latine et en Afrique sub-saharienne, les années 1980 ont été une décennie perdue pour le développement en ce qui est du progrès social et économique (investissements). Le problème de la dette et de la chute des cours des matières premières dominait sur la scène africaine les années 80 sans recevoir pour autant de solution, malgré le sommet extraordinaire de Lagos consacré aux problèmes économiques du continent en 1980 et malgré la réunion extraordinaire sur la dette en 1987 à Addis Abeba. L'aide privée à l'Afrique ne cessait de diminuer alors que l'aide publique n'avait ni l'élan ni les résultats escomptés. La sécheresse dans la Corne de l'Afrique et d'autres régions du continent, aggravée par les nombreux conflits attisés par la rivalité Est-Ouest, menaçait la survie même de millions d'Africains, faisant de l'autosuffisance alimentaire une priorité.

producteurs ou des associations paysannes parviennent-ils à avoir de l'influence sur le cours des événements pour que les paysans membres de ces associations survivent et contribuent à assurer totalement tant leur approvisionnement en nourriture que l'alimentation des villes et des cités environnantes ?

Dans cet environnement de pauvreté, le soja est présenté au Bas-Congo et ailleurs en RDC comme la nourriture idéale capable de redonner rapidement aux enfants un poids normal à cause de sa teneur en protéines végétales et en énergie. Le cas de *kwashiorkor* ou d'amaigrissement des enfants, des femmes enceintes ou des jeunes gens à la suite de la malnutrition est traité au moyen de la consommation de cette « viande des pauvres » sous forme de bouillie, de gâteau et même de lait. L'utilisation des graines de soja, riches en protéines végétales les moins chères et les plus équilibrées, contribue à améliorer la santé, la croissance et le développement de la famille, spécialement des enfants. Le soja contient des vitamines B1 et B2, tandis que le germe du grain contient de la vitamine C. De plus, ce produit s'écoule bien tant en milieu rural qu'en milieu urbain.

FACTEUR DE DIFFUSION DU SOJA DU MILIEU RURAL AU MILIEU URBAIN

Pour les paysans produisant le soja à *Seke-Banza* et les autres paysans du *Bas-Congo* produisant le manioc, le maïs, les haricots, l'huile de palme, etc., la ville peuplée de *Kinshasa*, capitale du pays, est le principal débouché de tous ces produits agricoles. Les besoins alimentaires considérables de cette population provoquent une demande qui implique une augmentation de la production de chaque produit agricole. L'agriculture est à la base d'un négoce intense que favorise la vie moderne dans la capitale. Que savons-nous de l'exode rural, des conditions sociales et alimentaires des ruraux et des citadins ?

Kayser et *alii.* (1981) rapportent que les flux migratoires du *Bas-Congo* vers *Kinshasa* sont importants à cause de la crise de l'emploi dans cette province, de la dégradation des conditions de santé et de l'insuffisance des dispensaires et hôpitaux susceptibles de fournir des soins de qualité nécessaires aux patients. En même temps, l'insécurité alimentaire dans les communautés paysannes accroît la malnutrition. *Kinshasa*, siège du pouvoir politique, dispose de beaucoup d'atouts en emplois. La ville compte aussi un grand nombre d'écoles et d'entreprises privées. Pour toutes ces raisons, *Kinshasa* est attrayant pour les ruraux du *Bas-Congo* et d'ailleurs qui espèrent y trouver un emploi rémunéré permettant de consommer des biens divers et des soins de santé. Lorsqu'ils ne trouvent pas l'emploi rémunéré, ils tentent leur chance dans le négoce du vivrier, en agriculture urbaine et dans l'artisanat pour lutter contre la pauvreté (Makungu, 2008 ; Baratier, 2005 ; Trefon, 2004). Boma et Matadi sont des marchés secondaires de consommation des produits agricoles du *Bas-Congo*.

Chaleard (1996), Goossens et *alii.* (1994) abondent dans le même sens que Kayser et al. (1981). Pour eux, la rapidité de la croissance urbaine a provoqué la croissance des besoins alimentaires. Les ménages de Kinshasa consacrent plus de la moitié de leurs revenus à la nourriture. L'ampleur du marché urbain provient d'abord du nombre de citadins consommateurs (Chaleard, 1996 : 25). Pour faire face aux problèmes alimentaires et aux autres besoins humains, les personnes démunies travaillant individuellement se regroupent en association.

POPULATION D'ENQUÊTE

Cent deux paysans ont été interrogés, dont cinquante-trois femmes (51,96 %) et quarante-neuf hommes (48,04 %), membres des associations coopératives dont l'une s'appelait l'Association des cultivateurs et Éleveurs de Seke-Banza (ACES), et l'autre l'Association des jeunes cultivateurs de Seke Banza (AJCS). L'ACES est partenaire du diocèse de l'Église catholique de Boma, le chef-lieu du district du Bas-Fleuve. Dans plusieurs contrées, l'agriculture vivrière est une activité réservée aux femmes, nourricières des familles. La proportion d'hommes atteint 48,04 % dans la culture de soja, puisqu'il s'agit d'une culture de rente, comme nous le montrerons plus loin.

Parmi les répondants à l'enquête, on peut dénombrer 34 couples monogames (68), 4 couples bigames (8 femmes et 4 hommes), 4 célibataires masculins, 6 divorcés (2 femmes et 4 hommes), 9 veuves et 3 veufs, un total de 60 ménages. Originaires tous du milieu, ils parlent la langue vernaculaire kikongo. La langue est un élément fort d'ancrage social qui facilite le contact humain.

Quant à la pratique de la bigamie, elle est considérée comme une stratégie dont usent quelques hommes voulant utiliser les épouses et les nombreux enfants comme main-d'œuvre bon marché, mais ce type d'union conjugale n'est pas le plus répandu.

Treize femmes seulement étaient lettrées contre vingt et un hommes lettrés. Soixante-huit cultivateurs étaient illettrés. L'analphabétisme est un mal qu'il faut combattre en milieu rural. La lutte contre l'analphabétisme est un puissant moyen de mobiliser la population pour les tâches de construction nationale. L'éducation des adultes peut constituer une voie rapide pour élever la productivité dans les contrées peu développées. Aussi existe-t-il un seuil technique à partir duquel tout développement exige un minimum d'instruction. Qu'en est-il des regroupements dans la filière de soja ?

REGROUPEMENTS DES PRODUCTEURS DE SOJA À SEKE-BANZA

Fondation des regroupements et motivations des sociétaires. Traditionnellement, chez les *Kongos*, les cultivateurs s'organisent en groupes de travail selon les affinités (parenté, groupes d'âge ou amitié). Quatre à douze membres unis travaillent à tour de rôle dans chacun des champs de l'un d'entre eux. Ils font le débroussaillage en savane, le déboisement suivi du brûlis en forêt, semis avec ou sans labours, sarclage, récolte, séchage des gousses mures de soja, décorticage par battage et conditionnement. Toutes ces tâches s'exécutent à la houe, à la machette et à la hache manuellement. Si la récolte est trop pénible dans un champ (ou parcelle de culture) de 1,5 ha, le propriétaire appelle des personnes extérieures en renfort moyennant une rémunération à moitié en nature et à moitié en argent comptant. Le défaut de réciprocité d'un membre peut avoir des conséquences sévères allant de l'exclusion du groupe, du paiement en argent comptant comme n'importe qui le ferait en cas de location d'une main-d'œuvre, à l'accusation auprès d'un juge du tribunal territorial.

Deux sacs de gousses récoltées rapportent 1 $ US à la personne appelée en soutien à aider à récolter. Cette pratique permet d'augmenter la surface cultivée, de faciliter la récolte et de réduire ainsi les peines ressenties. L'entraide, quoique saisonnière, implique une réciprocité. C'est sur ce ferment de l'organisation traditionnelle que l'ACES et l'AJCS se sont établies dans ce milieu, comme écrit Makungu (2009).

Le répondant n° 25 témoigne à ce sujet : « Nous nous entraidons pour ne pas rester longtemps courbés dans le champ lors du débroussaillage, du semis et de la récolte. Nous faisons appel aux amis comme le faisaient nos ancêtres. Ceux qui peuvent participer avec leurs épouses ou maris, enfants, dépendants, etc., ils deviennent les enfants du chœur. Ainsi, nous sommes forts ensemble. Aujourd'hui, d'autres problèmes s'ajoutent : la faim, la lutte contre les ravageurs, le transport et la vente au meilleur prix. Nous ne pouvons réussir à satisfaire les commerçants qui nous encouragent à cultiver le soja que si nous travaillons la main dans la main. C'est toute une vie en groupe. Nous travaillons, nous écoutons la radio rurale ensemble et discutons de certains suggestions et conseils donnés par les journalistes agricoles ».

Cette pratique séculaire chez les *Kongos* permet une intensification par le travail en l'absence de la mécanisation et de l'augmentation de la surface agricole cultivée. Dans un contexte de crise multiforme où « la nation est en danger », selon Desroches (1991), l'ACES et l'AJCS sont devenues des structures permanentes. L'adhésion de leurs membres est volontaire et ouverte à tous sans distinction de sexe, ni d'origine sociale, ni de religion. Durant les travaux champêtres, la distribution se fait avec équité et la solidarité est manifeste, comme le mentionne Defourny (2001). Le service rendu à chaque membre de l'association est quantifié. C'est un réel échange de travail où tout est mesuré. Les membres « ont le goût d'agir ensemble », selon Favreau et Ouedraogo (2008).

En travaillant collectivement, chacun veut cultiver plus de terres, produire plus d'aliments à consommer et à vendre. Cet engouement a poussé les cultivateurs à introduire la culture de soja à *Seke-Banza* dans les années 1990. Des personnes en quête de toute marchandise qui se vendrait bien à *Kinshasa* ont encouragé les cultivateurs à s'y investir, et ceux-ci y ont vu l'intérêt à le faire. Mais la production manuelle de ce produit n'a jamais satisfait l'importante demande urbaine de millions d'âmes. De plus, une usine de transformation du soja en farine, en huile végétale, en biscuit et en lait, dénommée *Soyapro*, est implantée à *Kinshasa*. Comme la production locale progresse moins rapidement que la demande, *Soyapro* importe des tonnes de soja de l'étranger. Ainsi, les cultivateurs concernés se sentent obligés de s'unir pour surmonter les obstacles liés au processus de production, de livraison, de commercialisation et pour obtenir le meilleur prix de leur produit. Comme l'écrivait North (1991), les échanges sur de longues distances augmentent les coûts de transactions, notamment des problèmes d'agences, c'est-à-dire les problèmes des coûts liés à l'évaluation et la mesure de l'effort et de l'efficacité des employés chargés de négocier à distance les ententes commerciales pour le marchand. Cette coopération privilégie la réponse à leurs besoins humains, comme dit Lachance (1991).

L'acquisition d'une rente permet à chaque sociétaire de l'ACES et de l'AJCS d'avoir un pouvoir de consommation des produits agricoles et autres qu'il ne produit pas. Grâce aux récoltes et à l'argent gagné, les sociétaires de ces regroupements combattent la faim en se procurant des aliments en qualité et en quantité suffisante en tout temps. En s'associant, ils défendent leurs droits et élargissent leur marché, comme l'attestent les travaux déjà cités de Demoustier (2001) ; Bidet (1999) et Vienney (1994). Ensuite, ils se donnent une nouvelle identité d'associés et veulent vivre dans un monde équitable, comme l'affirment Favreau et Ouedraogo (2008). Mais il conviendrait de développer davantage l'organisation de l'ACES et de l'AJCS.

ORGANISATION DES REGROUPEMENTS ASSOCIATIFS

L'organigramme de l'ACES et de l'AJCS est structuré en assemblée générale, en comité de direction comprenant un (e) président(e), un(e) vice-président (e), le (la) secrétaire, le (la) trésorier (ère) et son adjoint (e). Ceux-ci ont un mandat électif de deux ans renouvelable. Cette structure traduit un apprentissage de la démocratie à la base. Le pouvoir exercé par les membres est démocratique, comme le dit Defourny (2001). Les élus rendent compte à l'assemblée générale qui se réunit à la fin de chaque saison agricole. Ils décident des activités à venir, des financements à solliciter auprès des autorités et des institutions de coopération. Ils ont le contrôle de leurs activités, une certaine autonomie. Pour constituer des fonds propres, ils paient les cotisations égales requises.

La répondante n° 2, trésorière de l'AJCS, déclare : « Comme nous voulons vendre le soja au meilleur prix, hein ! Nous devons sécuriser les 2 délégués cultivateurs de l'AJCS qui accompagnent nos produits pour l'écoulement à *Kinshasa*. Nous utilisons les cotisations pour leur donner ce dont ils ont besoin durant leur séjour là-bas. »

Les sociétaires de l'ACES et de l'AJCS affectent une part des cotisations pour atteindre un des objectifs de développement de leurs regroupements en assurant la sécurité aux délégués chargés de la vente, une activité approuvée par tous. Ceci confirme ce que North (1991) dit des problèmes d'agence. Les coûts de transactions augmentent puisqu'on doit prendre en charge le vendeur délégué et protéger les biens contre la piraterie. Dans certains cas, les sociétaires de ces organisations sollicitent l'aide du BDD ou celle du CEP installé à *Boma*.

Intercoopération

Face à certaines difficultés (manque de fertilité du sol, problème foncier, accès aux semences de qualité, changement de calendrier agricole, commercialisation des récoltes et évacuation vers les centres de consommation à la fin d'une saison), l'ACES et l'AJCS se font accompagner par le BDD et le CEP à la demande de leurs assemblées générales. Ceci préserve le pouvoir démocratique des membres (Defourny, 2002). Le BDD et le CEP fournissent un certain nombre des services communs et encouragent les paysans à s'organiser en association pour défendre leurs intérêts. Ils aident les regroupements des paysans à se structurer. Ils réalisent également le plaidoyer social, le lobbying dans le pays et à l'étranger. Ils aident au développement de partenariats divers au sein de structures locales, nationales et étrangères. Pour rendre un meilleur service à leurs sociétaires et renforcer le mouvement associatif, les regroupements travaillent ensemble au sein des organisations locales, nationales, sous-régionales, régionales et même internationales. L'intercoopération ici est un type de représentation politique. Elles facilitent aussi l'échange d'expériences entre les organisations paysannes du district, tout en renforçant leur position face aux compétiteurs du secteur privé, par exemple dans la commercialisation de soja.

CULTURE DE SOJA ET CALCULS ÉCONOMIQUES

Selon le *Memento de l'agronome* (2003), le soja est une culture simple. Il se cultive en lignes distantes de 50 cm. L'espacement des plantes sur la ligne est de 10 ou 15 cm. Cette culture ne nécessite pas de matériel spécifique pour les opérations de semis et de récolte. Sa durée de végétation varie entre 90 et 120 jours selon les variétés.

Le soja est aussi une culture complémentaire au maïs et au paddy (riz). Il permet d'améliorer le potentiel de rendement de la céréale, à cause de sa capacité à fixer de l'azote. Dans les rotations, le maïs suit le soja, et l'introduction du soja dans les rotations permet de rompre le cycle de certaines mauvaises herbes. L'introduction du soja dans les rotations permet d'allonger le délai de retour des autres cultures comme le maïs et le paddy. La fréquence de la culture du soja est de 3 ans, c'est-à-dire qu'on cultive le soja dans chaque parcelle tous les trois ans. Ainsi, les rotations exigent que chaque paysan démuni ait 3 ou 4 parcelles de culture de 0,5 à 1,5 ha (hectare) de superficie dont une parcelle doit être consacrée à la monoculture de soja. Or, la terre est une ressource rare. La question foncière est épineuse à Seke-Banza et ailleurs dans le Bas-fleuve où les plantations de palmiers à huile et l'élevage bovin occupent les meilleures terres, les vallées et les terres surélevées.

Le plus souvent, après chaque culture de soja, la parcelle champêtre est emblavée de maïs ou de paddy, comme elle peut être laissée en jachère. La culture est extensive.

Pour les membres de l'ACES et de l'AJCS, l'intérêt du soja est d'abord financier, puisque sa consommation n'est pas beaucoup intégrée dans la mentalité des paysans. Les revenus provenant de cette culture sont saisonniers ou périodiques, 1 ou 2 fois par an. La crise et l'horizon d'une nouvelle société néolibérale et mondialisée ont présidé à l'adoption d'une culture pouvant procurer de l'argent. Depuis l'introduction du soja, les champs sont individuels. Chaque personne organise le travail et décide de l'utilisation de sa récolte, alors que les cultures vivrières (comme le manioc, le paddy ou le maïs) sont conduites toutes sous la direction du chef de ménage. Grâce à la culture de rente, les cadets sociaux (les femmes, les enfants et autres dépendants) s'individualisent, s'autonomisent et s'émancipent. Ils accèdent au foncier et deviennent des acteurs indépendants, même si le matériel agricole et les infrastructures (bâtiments, grenier) restent encore des propriétés collectives du ménage ou de la famille élargie. C'est un changement remarquable dans les rapports sociaux qui bouscule les mentalités en milieu rural. Le sort du collectif (comme le clan, la famille élargie) n'est plus prioritaire. Le travail est désormais perçu comme un moyen d'atteindre des objectifs personnels. Elias (1990) et Marie (1991 et 1998) sont arrivés à la même conclusion dans leurs travaux sur le phénomène d'individualisation.

Pour gagner de l'argent, les femmes transforment la farine en beignet de soja. C'est une forme de transformation et de consommation de ce produit à *Seke-Banza* et ailleurs. Les producteurs ne sont pas suffisamment outillés pour transformer les graines en lait de soja.

Parallèlement au recueil des récits de vie des répondants à l'enquête, nous avons recueilli des données sur les résultats économiques de l'exercice 2009. Dans cette enquête, nous nous sommes heurtés à quelques difficultés, notamment l'irrégularité dans la tenue des comptes. Mais les enquêtés se souvenaient des rentrées des ventes groupées de soja. Aucun répondant n'était à jour pour le reste. La production de soja est difficile à évaluer avec précision à cause de l'autoconsommation, du partage avec l'entourage du paysan et de l'échelonnement de sa récolte. L'obligation des rotations de cultures dans le champ entraîne l'espacement de récoltes. Ceux qui ne possèdent pas plusieurs champs n'en produisent pas chaque année. Le nombre de champs par an est le meilleur indicateur de l'importance d'une culture. Chaque ménage entretient deux à quatre champs de manioc, de paddy, d'arachide et de soja. La superficie des champs dépend de la main-d'œuvre disponible dans le ménage. Tous ces champs ont une variété des cultures : bananier, papayer, haricots, légumes, etc. La monoculture est pratiquée seulement pour la culture de soja. Ce qui constitue un risque pour le paysan, car, si la récolte n'est pas bonne à cause des facteurs climatiques (retard de pluies, sécheresse, insectes ravageurs), le manque à gagner sera important.

Plus le ménage compte les membres actifs, plus est grande la superficie de ses champs. Dans les ménages enquêtés, le nombre de membres varie entre 1 et 19, parmi lesquels les conjoints, les enfants, les dépendants (cousins).

Après la récolte, les négociants du soja viennent de Kinshasa surtout, mais aussi de Boma et de Matadi. Quand la route est en bon état, entre 2 et 4 camions des commerçants arrivent à Seke-Banza par mois pour acheter et évacuer les produits. Parfois, ils ne viennent pas du tout. Dans ces conditions, les prix de vente sont imposés aux paysans par les commerçants, alors que les prix au producteur sont libéralisés depuis 1982.

La commercialisation de soja par les associés de l'ACES et de l'AJCS ne commence que quand les producteurs rassemblent des quantités suffisantes pour louer les camions du CEP ou utiliser ceux loués par les grands commerçants. Comment les paysans associés perçoivent-ils le succès d'une culture à la fin d'une saison ? Le répondant n° 87 s'exprime en ces termes :

> « Une culture est réussie lorsqu'à la fin d'une campagne, le cultivateur paie les habits à son épouse, à ses enfants et lui-même en porte de nouveaux. Des bijoux à sa femme... Ses enfants sont gros et vont à l'école et lorsqu'un membre de sa famille tombe malade, il paie les frais médicaux. L'épouse fréquente le centre de santé pour apprendre des choses sur les naissances désirables. S'il gagne assez, on le verra acheter un vélo, un poste de radio, une radiocassette, des animaux domestiques. Il aide ses parents, ses frères et ses sœurs. On observe beaucoup de signes qui ne trompent pas ».

Les dépenses primaires et ostentatoires (bijoux), les paiements des services (éducation, santé) et l'accumulation (animaux domestiques, stocks de produits agricoles) permettent de percevoir la réussite d'un cultivateur au terme d'une campagne agricole. La consommation ostentatoire des élites dont parle Veblen (1899/1970) exerce une attraction sur l'ensemble de la société (les revenus intermédiaires et même les paysans). La densité des réseaux sociaux ne permet pas d'accumuler le capital, à cause de l'obligation de partage. Cette réalité sociale ne joue pas en faveur du paysan. L'obligation de partage les conduit à vendre les stocks constitués pour tenir pendant la période de soudure. La conséquence immédiate de ce comportement et qu'ils font face au déficit et à l'insécurité alimentaires. Pire, ils manquent même de semences à la nouvelle saison. En fait, la « soudure » est la période qui sépare la fin de la consommation de la récolte de l'année précédente et l'épuisement des réserves de greniers, de la récolte suivante. Durant cette période, les paysans sont contraints de se « débrouiller » pour trouver des ressources monétaires afin d'acheter des vivres.

Au cours de l'exercice 2009[78], les rentrées financières brutes de 31 ménages à l'issue des ventes groupées, qui n'ont cultivé qu'un seul champ de soja de 0,5 ha à 1 ha, variaient entre 106 210 FC pour 247 kg/ha (soit 137,93 $ US) et 219 300 FC pour 510kg/ha (soit 284 805 $ US), alors que les sommes de 21 ménages qui avaient 2 champs de soja de même superficie variaient entre 225 750 FC pour 525 kg/ha (soit 293,18 $ US) et 484 180 FC (soit 628,80 $ US).

Pour les 8 ménages dont les superficies de champs étaient de 1,5 ha et qui avaient 2 champs de soja, les revenus variaient entre 584 800 FC pour 1360 kg/1,5ha (soit 759,48 $) et 605 010 FC pour 1407 kg/1,5ha (soit 785,72 $ US). En relisant les travaux de North (1991), ces données nous apprennent que lorsqu'on instaure les échanges sur de longues distances, se développent des instruments particuliers, des institutions et des organisations qui permettent l'émergence des transactions comme les standards de mesures (poids, volume), les nouveaux moyens d'échanges (monnaie), les nouvelles professions (vendeur, notaire, défenseur judiciaire) et de nouvelles institutions juridiques (tribunaux).

TYPOLOGIE DES ASSOCIÉS ET PRODUCTEURS DU SOJA

Il existe de tout petits producteurs du soja, qui n'ont pas assez de terres (un seul champ de 0,5ha de superficie), ni de main-d'œuvre suffisante et de petits producteurs de soja qui ont accès à des proportions moyennes de terres (deux champs de superficie variant entre 1 et 1,5ha chacun) et qui ont une main-d'œuvre suffisante. Le foncier et la main-d'œuvre sont deux facteurs limitant dans cette filière à Seke-Banza au Mayombe.

Les associés de l'ACES et de l'AJCS ne disposent pas d'épargne monétaire. Leur accumulation s'exprime à travers l'acquisition des animaux domestiques (chèvres, moutons, poules, lapins) et des biens durables (vélos, radios) qu'ils revendent pour avoir des espèces sonnantes en cas de besoin. Leurs dépenses sont surtout vitales, notamment la nourriture (soja, riz, gibier, chèvre, poissons, huile de palme), les habits, la santé (les soins médicaux) et l'éducation des enfants. Cette dernière représente un poids considérable pour les parents qui doivent payer les frais de fonctionnement des écoles et une partie du salaire des enseignants. Quant aux structures associatives elles-mêmes (ACES et AJCS), elles rendent des services non négligeables à leurs

78 Durant la période du 15 au 31 juillet 2009, 1 $ U valait 770 FC (francs congolais) et 1 kg de soja coûtait 430 FC.

sociétaires. Cependant, leur renforcement institutionnel permettrait d'accroître leur efficacité. La formation tant des agents de ces structures que celles de ses membres producteurs sont encore nécessaires et doivent se faire continuellement.

Les sociétaires ou les associés de l'ACES et de l'AJCS arrivent à travailler durant toutes les saisons, à se nourrir suffisamment et à alimenter les villes et les cités en soja. Leur travail contribue à lutter contre la malnutrition dans leurs familles et dans des familles consommatrices de ce végétal. Selon les répondants à l'enquête, l'une des évaluations perceptibles de cette lutte contre la malnutrition est la capacité de l'aliment consommé à faire grossir son consommateur (extrait cité du répondant 87), mais surtout l'accumulation à travers les animaux, les biens durables et la satisfaction des besoins primaires. Leur succès est mitigé, puisqu'ils n'arrivent pas à fixer le prix au producteur selon l'évolution de 17 produits alimentaires de consommation courante[79] en RDC et selon les 3 indicateurs économiques (essence à la station, transport en commun et taux du dollar américain). Sur le terrain, le colportage fait en sorte qu'ils appliquent le même prix sur l'ensemble des marchés de denrées alimentaires, sans tenir compte de tous les paramètres nécessaires pour fixer le prix d'un produit agricole. Les associations de coopération doivent assurer une formation en cette matière à leurs membres. Ainsi, ils réussiront à vendre leur produit au véritable prix du marché. Acheminer le soja en ville pour échapper à l'exploitation et aux abus des privés (camionneurs, commerçants), c'est déjà un grand pas, même si le combat est loin d'être gagné, mais il faut consolider les structures et les institutions. Avec l'intercoopération en cours, ils feront entendre leurs voix et leurs aspirations tant aux niveaux local, provincial, national et international. Leur action coopérative ira ainsi au-delà des objectifs fixés. Quel avenir pour ces paysans autochtones associés ?

79 Céréales : Riz local, riz importé, maïs en graine, farine de maïs, farine de froment ; féculents : cossette de manioc, chikwange (pâte cuite de manioc), banane plantain, légumineuses : Haricot ; viandes : poulet, chèvre, bœuf ; poissons : poissons frais, poisson fumé, poisson salé ; Huiles : huile de palme.

CHAPITRE V
L'ASSOCIATION EN MILIEU AUTOCHTONE, L'ACCÈS AU FONCIER ET LA PROMESSE DU BIEN-ÊTRE

Ce chapitre utilise le même échantillon du chapitre IV (La coopération en milieu rural entre producteurs de soja au Bas-Congo) en vue d'étudier l'association en milieu autochtone, l'accès au foncier et la promesse du bien-être.

Cotulu et Geschiere (2009) rapportent qu'en Afrique intertropicale, l'autochtonie peut alors être appréhendée en tant que moyen d'appropriation de la modernité. C'est une forme de rapport politique. Le concept d'autochtonie désigne certaines homologies observables dans les conflits qu'ont connus, par exemple, la Côte d'Ivoire, où la guerre a eu lieu au nom de l'ivoirité, l'Afrique du Sud, où des immigrés africains ont été tués ou au Rwanda où les Tutsis ont été perçus comme des allochtones venant d'Éthiopie[80]. Ce concept est un instrument de ré-politisation utilisé par les sociétés politiques locales dans leurs régimes d'historicité spécifiques. Les pratiques d'exclusion dans chacun de ces conflits ont paru s'appuyer sur un principe commun d'antériorité déshistoricisé (et déhistoricisant) synthétisé par Bayart et Geschiere (2001 : 126-128) dans la formule : « J'étais là avant ».

Dans le monde entier, l'émergence du concept d'autochtonie est liée à celle des mouvements sociaux de différents peuples (par exemple, les mouvements pour les droits des femmes, ceux pour les droits humains) sur la scène internationale qui mettent tous dans leurs revendications l'accent sur une plus grande équité et une meilleure répartition des richesses et des pouvoirs (Smith, 1999 ; Schulte-Tenckhoff, 2002).

DÉFINITIONS

Barth (1995) définit l'autochtonie comme une forme d'ethnicité. Elle renvoie à la tradition millénaire, aux vêtements, aux rythmes, aux danses et à la nourriture traditionnels. La frontière entre « les gens d'ici » et « les gens d'ailleurs » passe par cette idée de tradition précoloniale. Cela fait partie des stéréotypes qui distinguent autochtones et allochtones. Et la visibilité de la frontière définit le groupe dans son rapport à un autre groupe. En fait, pour que la culture, l'ethnicité perdure, elle doit être transmise par l'éducation. D'où l'importance des associations et groupes culturels qui peuvent initier les enfants aux activités vitales de la communauté

80 Idéologie répandue par la colonisation européenne.

(fabrication d'outils, pratiques de la chasse, de la pêche et des cultures végétales, pratiques médicinales, etc.), leur apprendre à danser et à jouer des instruments. Dans ce contexte, la culture est pensée et présentée comme intimement liée au territoire. L'interculturalité porte l'attention sur la protection culturelle.

Or, dans une république, tous les citoyens sont égaux et les autochtones sont reconnus comme des citoyens à part entière. On fait la promotion de la culture nationale au détriment de la protection culturelle et ethnique. Mais nous avons remarqué que le gouvernement postcolonial utilise la catégorie d'ethnies lors des recensements. À notre avis, la catégorisation d'ethnies atteste une volonté de division et de politisation dans laquelle la diversité culturelle n'a que peu de place. Le principe républicain d'égalité homogénéise les origines ethniques. En théorie, dans la post-colonie, les autochtones n'ont pas le statut d'inférieur et ne constituent pas des peuples au sein de la nation postcoloniale, puisque le terme « peuple » peut être source des récessions. Il renvoie au droit d'autodétermination des peuples.

Du point de vue juridique, la situation des autochtones du Mayombe (et d'ailleurs au Congo et en Afrique) est similaire à celle des autochtones d'Amérique latine selon les travaux de Schulte-Tenckhoff (1997 : 29) : « C'est la reconnaissance de sujets de droit chez les "Indiens" qui mène à la dégradation de leurs conditions de vie ». Cela est vrai aussi pour les autochtones africains.

Voyons ce que les données d'enquête présentées au chapitre IV nous apprennent sur la mobilité sociale des autochtones associés, leur motivation et leurs revendications.

MOBILITÉ SOCIALE

La plupart des sociétaires de ces associations ont étudié jusqu'en deuxième année d'école secondaire. Leurs récits de vie montrent la mobilité spatiale et une certaine mobilité sociale illustrée par les propos du répondant n° 87. L'enfant d'un paysan est devenu technicien spécialisé :

« J'ai été poussé par les prêtres à fréquenter l'école de Kizu. J'étais un cobaye. Je devais prouver que notre quotient intellectuel était comme celui des autres hommes bantous et que nous étions égaux. Quand on partait en vacances, je ne voulais pas rentrer. Quand je ne me présentais pas à la rentrée, on envoyait les policiers arrêter mon père pour lui demander où j'étais. Finalement, on a offert à mon père le travail de sentinelle à l'école où j'étudiais. C'était difficile, mais aujourd'hui je suis licencié de l'Institut supérieur de Matadi. J'ai aussi suivi une formation à l'Université Lumumba en 1987. Maintenant je suis technicien spécialisé en développement rural. C'est de ça que je vis ».

La plupart d'autochtones répondant à cette enquête ont vécu plusieurs mois, voire des années, en dehors du district, à Boma et un cas rare à Moscou. Nous avons observé sur le terrain que plusieurs autochtones revenaient s'établir dans les villages du district pour y travailler la terre durant la crise économique de 2008-2009, causée par la crise hypothécaire aux États-Unis. Que devient alors la spatialisation des cultures dans un contexte où la mobilité spatiale est courante ? Nous nous interrogeons ainsi, puisque le discours associatif est imprégné fortement du discours sur la spatialisation des cultures, discours qui influence profondément l'imaginaire de l'autochtonie.

L'instruction acquise et l'adoption de la propriété privée mènent à l'amélioration des conditions matérielles des autochtones. Cette analyse rejoint celle de Pétillon (1985).

L'extrait cité montre aussi comment ce répondant a souffert de la discrimination durant son enfance. Ses propos confirment l'omniprésence de la hiérarchie des races (Carpenter, 1929) diffusée par les manuels scolaires de l'époque coloniale pour diviser les colonisés et les dominer davantage.

MOTIVATION DE L'ASSOCIATION

La répondante n° 37 explique la raison d'être de l'association en milieu autochtone :

> « Nous sommes exploités ! Pour travailler sur une superficie de 6 à 12 ha, nous sommes payés en nature, avec quelques habits, quelques cigarettes, du sel. D'autres nous donnent un peu d'argent : 2000 à 3000 francs (3 ou 4 $ US). Il fallait se réveiller. Nous avons fondé notre association pour défendre nos droits et ne plus être abusés par les propriétaires fonciers comme l'étaient nos ancêtres, nos parents. Tous les travaux pénibles et nauséabonds étaient pour les pygmées et les Bayombe ».

Et l'autre d'ajouter :

> « Je me voyais avancer dans la vie, mais le traitement que subissaient mes frères était toujours dégradant. Ça ne valait pas la peine de progresser seul, je devais relever le défi. J'ai eu l'initiative de créer une association avec mes parents, mes amis et les sympathisants, à Boma. Je l'ai dénommée Boma Cultivateurs Autochtones. Chacun travaillait à son compte et l'association l'aidait à réduire le coût d'acquisition des semences ou celui d'évacuation des produits vers les centres de consommation (Répondante n° 9) ».

Puis, au troisième de conclure :

> Avant, quand on disait « pygmée », c'était une injure. Quand on parlait de nos vêtements, c'était de l'accoutrement. Nos danses et nos chants n'étaient pas agréables. Durant mon enfance, je me battais tous les jours lorsqu'on m'insultait. Un autochtone, c'est quelqu'un qui ne porte pas de souliers, qui ne réfléchit pas, qui est sale. Quand vous parlez bien, que vous êtes capable de faire un discours devant une salle, vous ne l'êtes plus. Des préjugés que nombre d'entre nous se sont appropriés. Nier nous-mêmes nos propres capacités est devenu une habitude. Tout cela a une histoire. Je suis contre les ouvrages des Européens qui ont créé des mythes sur nous à l'époque où nous ne savions ni lire ni écrire. Suite à cela, en Europe, il y a eu deux écoles dont l'une dit qu'il faut que nous restions dans la forêt.

Face au constat de la communauté en danger, à ceux de la communauté exploitée et des populations marginalisées, à celui des autochtones réifiés (archaïques, ruraux), les autochtones s'associent pour parler d'une seule voix, lutter contre les stéréotypes (Moscovici, 1997 ; Jodelet, 1997) et pour dénoncer le traitement inéquitable dont ils souffrent. Leurs danses, chants, vêtements interprétés en termes ethniques (Barth, 1995), perdureront, s'ils réussissent à les transmettre aux générations futures par l'éducation. Dans les voies coloniale et postcoloniale, l'intégration n'est pas harmonieuse et les conflits sont latents. Les résistances émergent. Cette vision rejoint celle que Meister (1972) exprime dans son ouvrage. Les associations dans un contexte pareil deviennent des outils de protection et d'intégration des autochtones considérés comme attardés. Elles servent à l'apprentissage de nouveaux rapports sociaux (Haubert, 2001), à contribuer à faire valoir les droits des dominés et à réduire leur double sujétion culturelle et économique. Les associations se battent pour la promotion matérielle des autochtones et pour l'équité. Le mouvement associatif qu'elles font émerger assure progressivement le bénéfice des autochtones, ces « gens d'ici », moderniser les pratiques agricoles, commerciales et les villages. Il n'y a pas encore de changement social manifeste, ce mouvement assure tant bien que mal la survie familiale. Le principe d'équité est en voie d'être instauré. Cette analyse rejoint les travaux de Smith (1999) et ceux de Schulte-Tenckhoff (2002) sur la situation des autochtones en Amérique latine et au Canada qui revendiquent leurs droits.

REVENDICATIONS

Face à l'implantation des grandes entreprises nationales et internationales sur des terres reconnues comme autochtones, les associations des « gens d'ici » combattent la domination des migrants, les « gens d'ailleurs » et veulent faire du lobbying dans le pays, en Afrique, en Europe, en Amérique et en Asie pour obtenir une meilleure répartition des richesses et des pouvoirs.

Le répondant n° 23 exprime les aspirations des « gens d'ici » en ces termes :

> Les expatriés ont acquis nos terres sans notre accord. Nous n'y avons plus accès et ne pouvons plus cueillir des champignons, ni y chasser des animaux, ni aller à la pêche. Rivières, forêts, savanes leur appartiennent, puisqu'ils ont payé l'argent. Comment pouvons-nous vivre ? Notre association lutte pour avoir accès aux ressources forestières, le partage des richesses forestières et minières prélevées par les multinationales américaines, canadiennes et européennes sur les territoires que nous occupons, la promotion et le respect des lois nous protégeant sur les plans national et international.

Alors que le contentieux colonial dont parle Iwewe (2007) n'a pas trouvé d'issue, les migrants acquièrent des terres arables moyennant paiement. Les autochtones ne peuvent plus faire ni la chasse ni la cueillette. L'État postcolonial leur demande d'acquérir des titres fonciers pour leurs terres or les autochtones défendent une conception spécifique de la terre, celle de territoire. Les résistances s'organisent. Cette donne contraint la masse des pauvres à l'exode rural. En perdant le foncier, l'ethnie risque de disparaître (Madjadrian, 1991). Tout changement est menacé d'être interprété comme une perte d'authenticité, l'enjeu foncier est vital pour eux. Si les autochtones atteignent leurs objectifs primordiaux, ils réduiront (pour ne pas dire qu'ils mettront fin à la sujétion) ainsi la sujétion à la fois politique et économique. Ils retrouveront la souveraineté perdue durant la colonisation et les 50 ans de la post-colonie. La réactivation de l'autochtonie est un moyen pour eux d'accéder au foncier, de contrôler le territoire et ses ressources. Cela leur donnera un poids politique pour pouvoir négocier les conditions d'implantations des grandes entreprises et les mutations en cours. Le fait d'être citoyen à part entière dans l'État postcolonial fragilise les droits des autochtones. Ils peuvent ainsi être au premier rang des retombées environnementales, économiques et sociales. D'où ils dénoncent les traités signés entre les administrateurs coloniaux et leurs chefs à l'époque coloniale (fini la paix) ; ils vont en guerre, comme qui dirait : « Ôtez-vous de-là », « J'étais là avant » (Bayard et Geschiere, 2001). Cette réaction pourrait être qualifiée de ré-politisation (Cotulu et Geschiere, 2009). Au fond, les autochtones se révoltent contre l'identité nationale faisant miroiter l'harmonie et dissimulant les résistances, les tensions et les inégalités sociales créées par les dominations coloniales et postcoloniales.

Au Mayombe, la tension entre changement et continuité dans les associations en milieu autochtone est forte. L'autochtonie réactivée, actualisée se heurte à un paradoxe. Pour s'adapter au contexte mondialisé, les associations des autochtones devront retrouver le contrôle de territoires et intégrer la dynamique de continuité dans les pratiques, si elles ne veulent pas être emportées par les mutations irréversibles en cours. Mais comment y parvenir ?

CHAPITRE VI
ANALYSE, INTERPRÉTATION DE LA SIGNIFICATION DE L'ÉTUDE RÉALISÉE ET CONCLUSION

ASPECTS ASSOCIATIFS ET ASPECTS DISSOCIATIFS DE LA COOPÉRATION ENTRE PRODUCTEURS CONGOLAIS

Ce livre présente la coopération (les pré-coopératives, la coopération en milieu urbain, la coopération en milieu rural, l'association en milieu autochtone), comme unifonctionnelle et se limite à des objectifs économiques. Mais, surgissent par-ci par-là des écueils que soulève la logique interne du développement des regroupements coopératifs et associatifs.

Selon nos observations sur le terrain, l'association et la dissociation sont deux formes élémentaires de toute relation sociale. L'association peut être intense dans un regroupement sous forme d'attraction des sociétaires ou associés les uns vers les autres ; dans la dissociation, ils se repoussent les uns les autres. Nous avons observé que la cohésion sociale entre les associés aide à leur survie. Ils restent connectés les uns aux autres pour que la structure perdure autour d'un noyau organisationnel. Partout où elle est absente, les chances de succès diminuent considérablement. L'histoire des pré-coopératives à Kinshasa, celle des regroupements périurbains et celle des regroupements de producteurs en milieu rural dans le Bas-Fleuve montrent que partout où le noyau manque de cohérence, le regroupement n'a pas duré longtemps. Nous tenterons de faire ici le diagnostic de l'organisation sociale des pré-coopératives et des regroupements étudiés en analysant tour à tour les données sociétaires de la vie associative ; les problèmes du contrôle dans l'association congolaise et la crise de croissance en RDC.

DONNÉES SOCIÉTAIRES DE LA VIE ASSOCIATIVE

Dans les regroupements de producteurs en RDC, l'agriculture s'est manifestée comme la base d'implantation et de sédentarisation des individus dans le paysage. Les organisations ont été créées sous l'influence du triomphe du néolibéralisme. L'activité est individuelle, le foncier se marchandise. Les producteurs s'associent pour affronter ensemble les problèmes insolubles pour l'individu (la récolte, l'évacuation de la production vers les centres de consommation, la commercialisation, etc.). En perdant leur caractère individuel, ces problèmes sont résolus par un effort concerté. La coopération globale libère ainsi les individus des troubles financiers. En RDC, personne ne rêve d'une coopération radicale (c'est-à-dire celle qui vise à abolir la propriété privée) telle que l'histoire des coopératives en Israël nous apprend (Infield (1955). Cependant, l'émancipation induite par la coopération globale réduit les difficultés individuelles.

Ces regroupements coopératifs et associatifs sont également des sociétés compétitives, dans lesquelles richesse et statut social fondamentalement déterminé par le travail sont corrélatifs. Quand un sociétaire perd la richesse, il perd aussi le statut social. La richesse est à la fois une source de sécurité et d'insécurité. Si le groupe subit des revers de la fortune, le statut réciproque des individus à l'intérieur du groupe n'en est pas altéré. Chaque regroupement coopératif ou associatif doit affronter la lutte pour l'existence et cela fait la différence quand cet affrontement est une lutte commune. Mais la vie à l'intérieur de chaque regroupement est parfois à l'abri des difficultés quotidiennes liées à l'alimentation de la famille en nourriture, à la gestion efficace du temps de loisir et de courtes vacances, etc.

Ces regroupements n'ont pas supprimé les processus dissociatifs[81] consécutifs aux rapports de propriété privée (par exemple les finances et le foncier).

Rapports de production

Dans les regroupements coopératifs, la propriété n'est pas collective. Il en est de même de l'organisation de la production. Les grandes lignes du travail en commun sont tracées par l'assemblée générale composée de tous les membres. Le Comité de fixation des travaux fixe la tâche de chaque membre selon les besoins saisonniers. Il n'y a pas de rapport hiérarchique. Tous les sociétaires sont égaux (en théorie). Le travail ayant pour objectif premier de dégager un revenu (cas d'une culture commerciale comme le soja) et aussi d'assurer la subsistance requise par les besoins humains. La polyculture (légumes, tubercules, céréales, fruits) occupe une part du temps.

Rapports de genre

Sur le terrain, on a vu les épouses se livrer, au même titre que leurs maris, aux travaux de production qui impliquent l'exercice de responsabilités. En même temps, elles prenaient en charge la cuisine, la vaisselle, le puisage d'eau et la recherche du bois de chauffe. Cette répartition des tâches n'allait pas sans danger pour certaines

81 Association et dissociation seraient deux formes élémentaires de toute relation sociale. Dans la première les personnes sont attirées les unes vers les autres ; dans la seconde, elles sont repoussées les uns par les autres. La dissociation diminue les chances de succès dans toute coopération.

santés féminines et pouvait dissocier (ou séparer) les couples. La répartition des tâches est à régler par une adaptation plus étudiée et plus négociée.

En effet, les considérations économiques telles que la position sociale, les intérêts familiaux, les richesses, la capacité de faire vivre une épouse sont encore fortes. L'égalité économique et sociale des sexes n'a pas encore réduit la portée et l'intensité des conflits familiaux. Le célibat prolongé peut dissocier (ou éloigner) un(e) membre d'un regroupement. Souvent, c'est le célibataire lui-même qui demande de partir.

Éducation des enfants

Les regroupements coopératifs congolais tant en milieu périurbain qu'en milieu rural n'organisent pas en faveur des enfants des parents associés une éducation formelle complète sur la coopérative ou l'association. Les moyens ne leur permettent pas. Par exemple, ils auront des difficultés à se procurer les livres scolaires nécessaires, quel que soit le niveau d'enseignement dispensé. Les enseignements partiels sur les coopératives sont donnés de façon sporadique durant les vacances. Cet objectif défini par les pionniers de Rochdale (Infield, 1955) n'est pas atteint dans l'état actuel des regroupements étudiés en RDC. De ce point de vue, les parents sont un facteur essentiel dans l'éducation de leurs enfants. Mais, dans ces structures associatives et coopératives, les parents partagent la responsabilité du regroupement envers tous les enfants. Ils prennent un profond intérêt au bien-être et au développement de tous les autres enfants. Il y a ainsi une sorte de reviviscence[82] des relations existantes dans certaines familles claniques où tous les hommes adultes sont perçus comme des pères et toutes les femmes adultes sont perçues comme des mères. Les liens familiaux et les liens communautaires juxtaposent ainsi leur puissance associative.

Selon, nos observations directes, les regroupements de producteurs garderont les jeunes générations dans le métier si et seulement si les jeunes voient que le travail coopératif rapporte un revenu décent à leurs parents.

COMPORTEMENT ÉGOCENTRIQUE : ENNEMI DE TOUT REGROUPEMENT

La responsabilité collective de la structure, le désir d'être une force productive et un individu créateur au sein du regroupement coopératif se sont avérés des stimulations fortes pour que chaque associé s'y engage véritablement. L'ennemi de tout regroupement est le membre qui n'exécute pas les travaux collectifs exigeants. C'est aussi celui qui aime à prendre soin de lui-même. Il est critiqué sans pitié. Il peut être ostracisé au sein du groupe social, voire finalement être expulsé de la structure. Il en est de même pour un [e] (associé [e], zélé [e]), obsédé [e] par son désir de faire

82 Fait de revenir à la vie. Résurrection.

étalage de résultats personnels. Tous ces comportements que le regroupement juge comme une atteinte à la cohésion sociale entraînent des fissures au sein du groupe.

L'égalité des sociétaires prônée n'est pas une panacée. Certains membres associés des regroupements étudiés trouvent le moyen de s'arroger des privilèges, dont la course au pouvoir est un cas particulier. La course aux privilèges (faveur ou immunité) semble enracinée dans la vie sociale. De toutes les attitudes dissociatives, elle est celle qui se laisse le moins redresser. Un petit nombre de membres veulent obtenir des objets (bijoux) qui les distinguent des autres. Sentir sa propre supériorité et sentir que les autres la sentent sont une motivation sur laquelle vient se greffer ultérieurement le désir. Les ambitions pour le pouvoir sont plus communes qu'on ne le croit. Avant la disparition, elle produit cette flore de fausses ambitions, formation de cliques (ou sous-groupes) et de fractions qui peuvent perturber l'harmonie du regroupement coopératif. En fait, une société humaine, quelle que soit sa base économique, manifestera toujours des processus dissociatifs. Et, en fin de compte, la supériorité d'une société sur une autre n'est pas déterminée par la présence ou l'absence de dissociation, mais par la proportion de mélange des éléments associatifs et éléments dissociatifs. Même alors, l'évaluation doit demeurer subjective.

Entre ces extrêmes, la table des valeurs pratiquée spontanément par chaque regroupement coopératif consacre le statut social du « bon travailleur » dont la supériorité technique n'en est que l'une des composantes.

Contrôle social

La racine des comportements jugés comme une atteinte à la cohésion sociale réside dans la lacune de l'organisation sociale des regroupements coopératifs. L'intimité de la vie et du travail place chacun sous contrôle permanent et implacable. Durant les saisons de pic de travail, il est difficile de s'absenter un seul jour aux travaux communautaires sans expliquer une raison valable. C'est une intrusion de la vie privée. Cette limitation de la liberté personnelle ne plaît pas à tout le monde. Mais un contrôle aussi désagréable qu'il puisse être parfois relève de ce type de coopération. Il devient une menace, quand il dépasse les limites de la discrétion.

Dans les regroupements coopératifs en RDC, c'est probablement en matière intellectuelle et culturelle que la coopération est plus impressionnante. Les sociétaires qui, avant leur adhésion au regroupement, ont bénéficié des connaissances élevées les partageront avec ceux qui furent moins privilégiés. En effet, communiquer son propre savoir ne diminue pas, mais augmente son importance. Au lieu de servir à la différenciation et à la dissociation, l'éducation dans tout regroupement sert une certaine égalisation entre associés éduqués dans un contexte d'inégalité économique et sociale.

Aucune société ne peut exister longtemps sans l'existence du contrôle social. Ce dernier consiste en code coutumier ou légal, mode de vie, mœurs sociales d'un côté et de l'autre côté, en sanctions, récompenses et pénalités. C'est l'ensemble des moyens dont dispose un groupe (la majorité) pour faire en sorte que les membres qui le composent se conforment aux normes et aux règles qu'il a édictées (Ferréol et alii, 1991 : 48). Hommes et femmes venaient à la coopération parce que le regroupement leur paraissait comme la réponse la plus appropriée à la dégradation des conditions de vie. Codes et sanctions existent dans les regroupements coopératifs étudiés. Ces forces au plus haut degré stabilisatrices se sont installées dans des structures associatives formées par des gens qui veulent échapper à un régime d'exploitation qui le discrimine et sortir de la position d'infériorité à eux assignée par le « capitalisme sauvage ». Cependant, tous les regroupements se soumettent aux lois en cours dans le pays. Le principal motif économique est de faire une exploitation rentable de leurs activités productives dans un contexte où règne la justice sociale. Les regroupements étudiés demeurent en réalité des groupes primaires dans lesquels toutes les relations sont de type immédiat. Les ébauches des règlements d'ordre intérieur prévoient des sanctions. Toute violation peut être traitée par l'autorité (ou leadership) du regroupement sans formalité et ne nécessite pas de catégories légales.

L'autorité

Le contrôle social n'existe effectivement que s'il y a un *leadership* (ou une autorité). Dans toutes les expériences de coopération étudiées, il ne semble pas y avoir de place pour le fait de commander et d'obéir. Même si le principe de l'égalité prime, chacun se plie à un règlement accepté qui fonctionne sans heurt. Ce résultat ne peut avoir été obtenu sans obéissance. Donc, il doit y avoir commandement quelque part. Il s'agit ici d'un commandement collectif, impersonnel (l'assemblée) et non personnel (non fondé sur les décisions personnelles). Comme les regroupements coopératifs demeurent de petits groupes, l'assemblée implique la participation de tous les membres. Tous ses règlements sont imposés à elle-même.

En effet, dans toute société organisée, le processus de différenciation sociale ne peut être supprimé. Nommer des membres capables et les garder en fonction pour une période plus ou moins longue est une question de pure efficacité. N'importe quel membre peut être nommé à une fonction, mais certains sont mieux équipés que d'autres pour en assumer la responsabilité. Mais la supériorité ainsi reconnue est subornée à l'accomplissement des tâches confiées. Dans d'autres situations observées, comme dans les Kimpangi, l'autorité est basée sur la supériorité des connaissances agricoles ou de conduite d'élevage que possèdent certains membres. Personne ne peut sérieusement la mettre en question.

Dans les regroupements autour du soja, nous avons remarqué que l'autorité repose sur les qualités personnelles et la qualification personnelle. Le « travailleur fort et dynamique » ou le « bon travailleur » est au sommet de la hiérarchie sociale. Il est respecté, ses avis sont pris en considération. Il joue un rôle important dans la vie du regroupement coopératif. Il est écouté quand il prend la parole lors des assemblées ou de n'importe quelle réunion. Il est élu ou désigné au poste de responsabilité et dans le comité.

Nous avons observé durant nos enquêtes qu'une telle supériorité peut être instrumentalisée pour usurper immodérément l'exercice du pouvoir. Entre alors en jeu la « compétition politicienne ». Des cliques (des sous-groupes), des réseaux (ou courants) peuvent ainsi amplifier les tendances à la désintégration qui peuvent exister au sein des regroupements coopératifs et déboucher sur des crises.

Crises de croissance

Dans les regroupements coopératifs, l'intérêt personnel est en principe subordonné à l'intérêt collectif. Chacun est là dans l'intérêt d'une cause qui ne peut être servie sans sacrifice. Nous avons observé que les membres des regroupements coopératifs autour du soja étaient mécontents de quelques membres envoyés dans les centres urbains (Boma, Matadi ou Kinshasa) pour vendre les produits récoltés à des prix rémunérateurs et qui épargnaient sur leurs dépenses pour acheter des biens de luxe (radio, bijoux pour les épouses, etc.). Les critiques portaient contre eux déclenchaient une crise. Ce type de pratique est considéré comme une violation de l'esprit de l'égalité.

Quand les activités économiques se développent et atteignent une haute spécialisation, par exemple, la culture du soja et la valorisation de la récolte en lait végétal. Elles ne peuvent être organisées que par des membres et des partenaires qualifiés et expérimentés qui décident au nom de la technicité. L'assemblée générale tend à perdre de plus en plus ses fonctions démocratiques. La majorité doit abandonner les décisions aux mains des experts qui conduisent des affaires dans l'intérêt économique du regroupement. Prendre position sur un problème demande une spécialisation. Les élections, au lieu d'être libres et démocratiques, confirment et légitiment ceux qui sont techniquement qualifiés pour assurer les responsabilités. Les gestionnaires (ou *managers*) émergent dans les regroupements coopératifs. Si les développements de ce type ne sont pas enrayés, ils peuvent élargir le fossé entre la direction et la base et étouffer toute atmosphère démocratique. Ce problème peut être grave des conséquences.

Problèmes de caractère externe

Sont également aigus certains problèmes directement liés à l'existence même de la RDC. L'incapacité de l'État congolais de sécuriser les populations urbaines et rurales a privé les regroupements coopératifs de ses ressources pillées par des bandits à mains armées. Ces pertes sont ressenties dans la vie économique et sociale de plusieurs regroupements. Les investissements sont de plus en plus insignifiants. Les moyens de scolariser les enfants, de les habiller, de les nourrir et de les soigner se sont considérablement réduits. La mauvaise gouvernance risque de ruiner les expériences de coopération en cours depuis le début des années 1990 qui se font et se défont au fil des événements. Aider à sécuriser les populations et aider à l'établissement des producteurs agricoles seront de magnifiques gages pour ces regroupements et pour le pays entier.

L'exode rural a tendance à reprendre. En milieu périurbain, les jeunes immigrent en Europe, en Amérique du Nord, en Asie (surtout en Chine) et au Brésil, etc., univers du néolibéralisme triomphant.

Le pays : l'État, les institutions et la gouvernance

La RDC a besoin d'alternative pour sortir ses populations rurales et urbaines de la précarité matérielle. Il ne suffira pas d'aménager un système, il s'agira de le transformer en faisant du développement à la base.

Le développement endogène

Le chapitre sur « Les pré-coopératives dans un contexte humanitaire » montre que l'influence de l'écodéveloppement (Sachs, 1980) est manifeste dans la réhabilitation du *Psophoscarpus Scandens (kikalakasa).* Cette pratique renvoie au développement endogène qui est territorial, communautaire et démocratique. Ce développement est fondé sur les besoins fondamentaux des êtres humains, notamment l'alimentation, le logement, l'éducation et le travail en valorisant les ressources locales, la culture locale et les savoir-faire locaux. Il se vit dans un contexte d'économie informelle. Il contribue à dynamiser le développement des petites communautés locales.

Le développement local

Le chapitre sur « la coopération en milieu périurbain à Kinshasa » explique que le développement local découle directement du concept du développement endogène. Cette perspective est centrée sur la revitalisation des communautés locales et sur l'amélioration des conditions de vie des populations selon des initiatives mises en œuvre à la fois par et pour les populations locales. Celle-ci vise l'amélioration de la croissance des emplois et des revenus à partir d'initiatives mises en œuvre par le secteur privé. Il se traduit par un modèle de l'ajustement aux marchés mondialisés (Dionne, 1996).

Le développement communautaire

Le chapitre sur « La coopération en milieu rural entre producteurs de soja au Bas-Congo » et le chapitre V « L'association en milieu autochtone, l'accès au foncier et la promesse du bien-être » montrent que le développement communautaire est centré sur une vision globale et sociale du développement et est basée à la fois sur les solidarités et les initiatives à l'échelle de la communauté locale, de façon à riposter aux effets du développement libéral et des interventions ou des non-interventions de l'État : « L'action communautaire ne se cantonne plus dans la seule sphère des transferts sociaux dans la seule gestion palliative des problèmes socioéconomiques. Elle s'inscrit dans la sphère de la production de richesses, dans l'intervention qui veut favoriser *l'empowerment* des communautés locales (le contrôle des populations locales sur leur développement économique et social) et dans des partenariats inédits » (Favreau, 1995 : 183). Le développement économique communautaire a comme objectif d'intégrer à la fois des dimensions économiques et sociales dans une communauté. Il prend en compte l'aspect économique par la production et la vente de biens et services, l'aspect territorial par la mise en valeur des ressources locales, la dimension sociale par un travail portant sur la recomposition sociale de la communauté et la dimension communautaire en tant qu'espace du vivre ensemble et en tant que dispositif premier de revitalisation. C'est le développement social qui influencera le développement économique (Dionne, 1996). La notion de développement est englobante et comprend autant les dimensions sociales, culturelles qu'économiques. Cette approche se fonde sur les solidarités humaines et communautaires des exclus du modèle de développement dominant.

L'« après-développement » ou l'« anti-développement » ?

Le concept d'« après-développement » a été inventé dans les années 1960 suite aux échecs du développement pour mettre en valeur les ressources et les savoirs locaux plus importants. Le but étant de valoriser les ressources locales, qu'elles soient économiques, sociales ou culturelles. Il y a aussi dans l'« après-développement » une part de « l'empowerment », c'est-à-dire l'autonomisation des populations locales. Les projets sont mis en place pour les populations locales et par les populations locales comme qui dirait « Tout ce que vous faites pour moi sans moi, vous les faites contre moi ». De ce point de vue, un développement qui pourrait être plus intéressant serait plus basé sur l'« après-développement ». L'agriculture est au centre du projet de l'« après-développement », mais avec quelles terres ? Comme 40 % du sol de la planète sont dégradés, on a impulsé une nouvelle dynamique en faveur de l'agroécologie. Dans le monde entier, les agriculteurs utilisent déjà cette méthode basée sur l'intensification des écosystèmes. L'agroécologie est parfois l'effet d'une initiative que d'un conseil donné par les agronomes. Dans certaines zones où le problème de malnutrition est posé, vous découvrez parfois par ce qu'on appelle la génération naturelle assistée, les agriculteurs parviennent à sauvegarder quelques arbres utiles qui peuvent jouer un rôle considérable dans la fertilisation du sol et donc, des cultures. On pense par exemple à *l'acacia albida* qui a cette capacité d'aller chercher les éléments minéraux en profondeur et de les mettre dans les feuilles. Quand les feuilles mortes tombent par terre, elles fertilisent la couche arable. C'est une légumineuse qui fixe l'azote de l'air. Sa particularité est qu'il poursuit la photosynthèse et la fixation du carbone à partir du gaz carbonique. Il le fait en pleine saison des pluies sous les tropiques. Il perd ses feuilles avant la saison des pluies. Ce qui fait qu'on peut conduire certaines cultures sous la frondaison des arbres (l'apparition des feuilles sur les arbres). Sous la frondaison des arbres, le rendement est supérieur entre 2 à 3 fois à ce qu'il est dans les interstices. En fait, les gens méprisent un peu ce genre de pratiques agricoles qui sont des évolutions lentes.

En utilisant des crédits gagés sous la production cafetière au Nord-Kivu, par exemple, des gens peuvent s'équiper des charrues, des charrettes et peuvent avoir accès à la traction animale. En l'espace de quelques années (20 à 35 ans), ils peuvent passer peut-être d'une agriculture sur brûlis à une agriculture permanente avec des rotations complexes (coton-maïs-arachide, etc.) et après, ils peuvent remettre le sol en culture. Pourquoi ? Parce que les parcelles cultivées sont sur les parcs arborés, et surtout parce que les agriculteurs épandent des déjections animales d'éleveurs qui, un peu plus loin, ont accès à des terres pastorales. Les éleveurs parquent leurs animaux la nuit et les agriculteurs viennent chercher les déjections animales dans les parcs pour fertiliser leurs champs. C'est redoutablement efficace. Ceci peut se passer en 35 ans. C'est relativement rapide.

Une autre illustration sur l'après-développement est celle de la ferme agroécologique de 2 hectares de Kisantu en 1995 : il y a un endroit où on élève les moutons, les chèvres, les vaches, les canards, les dindes, etc. Ils sont nourris aux produits naturels. On leur donne le vaccin et on les déparasite 3 à 4 fois dans l'année. À côté du jardin, il y a la pépinière. À un autre endroit, il y a le repiquage de laitue, la tomate, le chou et l'échalote. Le périmètre de la ferme est parsemé des orangers, des papayers, etc. Les orangers ne sont pas traités aux produits chimiques (insecticides, engrais). Ils n'ont pas des traces d'attaques d'insectes. Durant toute l'année, on cultive régulièrement. C'est ce qu'on appelle la *permaculture*. Il n'y a pas de jachère et si on en fait, c'est pour des périodes courtes de 3 à 6 mois. Comme l'eau est disponible, la ferme a la capacité de nourrir 10 à 15 familles, les familles à la Congolaise (10 personnes par famille au moins). L'agriculture y est conduite des cultures associées (courge-maïs-haricot). Pour écouler ses produits, le paysan agroécologiste a mis en œuvre un système d'approvisionnement sans passer par des intermédiaires. La distribution dans le circuit court fonctionne bien. À partir du moment où il y a une taille-critique (c'est-à-dire que le volume suffisant permet de réduire le coût de commercialisation et d'assurer le consommateur d'avoir un bon produit), le producteur, lui, est assuré d'avoir un marché constant, stable et rémunérateur. C'est favorable à toutes les parties en général. Sur un même sol, ce paysan peut planter et récolter trois types de végétaux. Une pratique que les paysans congolais sont en train de perdre. Cette agriculture était pratiquée il y a 60 ans environ. Le paysan de Kisantu a décidé d'y revenir parce que la pratique donne un rendement élevé. Il faut noter que cette pratique permet de faire reposer le sol. Par exemple, quand il fait une association maïs-riz-haricot-courge, ces végétaux (maïs-riz) pompent l'azote atmosphérique. Le haricot retourne l'azote au sol. La courge évite l'attaque du soleil sur le sol en le couvrant et en le protégeant. Ce paysan agroécologiste est une exception, parce qu'il est revenu à la culture vivrière qui lui permet de se nourrir et de nourrir d'autres personnes de son milieu. Les autres paysans ne font plus l'association des cultures à cause de la mondialisation. Ils préfèrent cultiver plusieurs dizaines d'hectares de maïs ou de coton à écouler sur le marché d'exportation en Europe. Si les prix chutent et que la marchandise ne s'achète pas, c'est la famine qui sévit dans leurs familles. Ils n'auront pas assez d'argent pour acheter les produits vivriers. C'est formidable le travail de ce paysan. L'agroécologie consiste à associer dans une même parcelle plusieurs plantes. Chaque plante est un obstacle à la diffusion des agents pathogènes des plantes voisines. En fait, en mettant cette pratique en œuvre, on érige des barrières végétales à la diffusion de tout ce qui est prédateur ou agent pathogène. On peut avoir ainsi des plantes en bonne santé, sans avoir à éliminer l'agent pathogène. On ne fait que le neutraliser et en limiter la prolifération. Donc, on peut s'inspirer des pratiques antérieures et traditionnelles à la fois en termes de choix des variétés. Il y a des variétés antérieures qui étaient beaucoup plus rustiques que celles qu'on a proposées aux agriculteurs ces derniers temps. Il y a aussi de savoir-faire traditionnel, antérieur qu'il va falloir récupérer ou revaloriser. Et en même temps, cet agroécologiste va devenir hyper-moderne. On ne va pas réinventer ce que faisaient les ancêtres, mais quand même en utilisant ce savoir-faire, un certain nombre de variétés végétales, les races animales des ancêtres, on peut avoir une agriculture hautement productive et très respectueuse de l'environnement et qui soit hyper-moderne.

Nous avons expliqué dans les pages qui précédent que l'économie mondiale et l'« économie-monde » sont en crise (Wallerstein, 1995). Toutes les deux sont à la recherche de nouveaux marchés et des espaces vides. Ces crises se poursuivent, leurs causes sont multiples et leurs manifestations sont diverses. La recherche du profit illimité renforce la crise des économies nationales et des États nationaux par la perte de souveraineté des États-nations. Le fossé entre les gagnants et les perdants de la mondialisation se creuse de plus en plus. Les espaces de marginalisation apparaissent dans le paysage des territoires à l'intérieur de chaque société de l'espace mondialisé. Dans ces conditions socioéconomiques, l'impasse des décennies de développement ne fait plus aucun doute. Les espaces de marginalisation où vivent les naufragés du développement représentent l'espoir d'un changement social en cours (Ravingnan, 2001 ; N'dione, 2002 ; Latouche, 2004 ; Makungu, 2008). C'est la vie dans le secteur informel dont les valeurs sont contraires à celles du capitalisme, notamment la frugalité, la sociabilité, l'entraide, la solidarité et la débrouille. Ce secteur informel est alimenté par le secteur économique formel et son encastrement dans le social est fort (Granovetter, 2000). Il se construit sur ses ruines et il accueille les exclus de la modernité, les perdants et les mal payés de la mondialisation. C'est une « pieuvre » aux tentacules multiples et dont les contours ne sont pas faciles à déterminer. Il s'attend à la participation de tous et à la renaissance de la communauté.

Développement à la base et l'approche participative

Le développement à la base n'est pas une notion nouvelle. Il peut se définir comme étant un processus par lequel une société, à un moment de son histoire, s'organise pour une meilleure mobilisation et une meilleure utilisation des ressources et forces dont elle dispose, en vue d'atteindre un état jugé meilleur par elle-même conformément à ses aspirations et à ses normes culturelles. Centrée sur les besoins fondamentaux des populations et sur leur propre capacité d'organisation, cette condition est nécessaire au développement (Makungu, 2008). Les projets de développement doivent être conçus et exécutés par les collectivités de base, notamment par les villages. Le but poursuivi est l'implication d'un nombre significatif de personnes dans des actions visant leur bien-être.

L'approche participative sera le mode d'intervention nouveau répondant aux préoccupations réelles des populations et capable de promouvoir le développement à la base. Les besoins seront exprimés par les populations qui devront manifester leurs champs d'intérêt et proposer des initiatives locales. La participation n'est effectivement réelle que lorsque la mobilisation et l'engagement des populations sont spontanés et que toute la communauté est impliquée totalement dans le processus de développement à long terme, sans intervention extérieure. C'est elle qui impulsera le mouvement coopératif (Makungu, 2006).

Mouvement coopératif et coopératives communautaires

Les problèmes auxquels les regroupements de producteurs ruraux et périurbains en RDC doivent faire face en cette deuxième décennie du vingt-unième siècle sont manifestement de nature assez grave. Ces regroupements sont un type de coopérative communautaire moderne, et comme telle partie intégrante du mouvement coopératif. Nous qualifions cette expérience congolaise de moderne, parce qu'elle doit son origine, comme le mouvement coopératif de Rochdale lui-même, à des besoins fondamentaux qui, dans des conditions données, n'auraient pu être satisfaits autrement. Les regroupements étudiés ont un même mode d'origine pragmatique que les associations coopératives basées sur les principes de Rochdale. Les fondateurs de ces associations coopératives sont préoccupés de leurs propres besoins immédiats. Dans ces regroupements, certains intérêts sont solidarisés (ou on dirait qu'ils sont proches de la coopérative communautaire).

Les phases du mouvement coopératif

Le mouvement coopératif peut être caractérisé comme un mouvement social spécifique. Il vit le jour lorsque les travailleurs anglais, en raison des conditions de vie créées par la révolution industrielle de la fin du dix-huitième siècle, se trouvèrent dans l'incapacité de satisfaire leurs besoins. Les travailleurs et leurs familles végétaient en dessous du minimum vital. Entre d'un côté les salaires très bas et, de l'autre côté, les prix élevés des biens vendus par les commerçants, ils tentèrent de sortir de cette situation en tâtonnant et en essayant de réformer la société. Avec leurs leaders, Robert Owen, un riche industriel du textile, et Dr W.King, ils créèrent « des villages de coopération ». Trois ans après, l'expérience échoua. L'autre leader lança l'initiative du « magasin coopératif ». En dépit du développement spectaculaire de cette expérience, celle-ci s'effondra après quatre ans (Infield, 1955).

La seconde phase du mouvement coopératif est marquée par l'apparition des tisserands de Rochdale. Ils fondèrent un magasin-coopérative de consommateurs dans leur ville. Ils organisèrent leur magasin et établirent leurs plans du début à la fin en définissant leurs objectifs à long terme et en parlant d'une colonie autonome où tous les intérêts seraient solidarisés. Pour eux, le magasin-coopérative était le moyen le plus efficace pour atteindre ce but. Cette phase est caractérisée par ce qu'on appelle une « formalisation ». Ayant appris des erreurs et des fautes de leurs prédécesseurs, ils élaborèrent les « principes de Rochdale » comprenant un ensemble de règles pour l'organisation de leur magasin. Ces principes ont inspiré le mouvement coopératif mondial tel qu'il est connu aujourd'hui.

La coopérative de consommation de Rochdale essaima partout ailleurs en Angleterre, puis en Europe et dans d'autres pays capitalistes, notamment aux États-Unis et au Canada surtout. Le nombre des membres du mouvement coopératif augmenta de façon spectaculaire. Des superstructures puissantes (magasins de détail, magasins de gros) d'achat et même de production furent créées. Le mouvement coopératif se développa. Les membres apprirent à manier toutes les marchandises connues. Les relations à l'intérieur du mouvement s'institutionnalisèrent. Ils créèrent des unions de crédit, coopérative de vente ou d'achat et des alliances. En Angleterre, il y eut même un parti politique coopératif (Infield, 1955).

La troisième phase du mouvement coopératif se caractérise, comme l'explique Haubert, (2001 : 6), par les types d'expériences historiques sur les organisations associatives des producteurs ruraux, dans les pays à économie libérale, les pays à régime communiste et les « pays en voie de développement économique », appelés aussi les « pays du capitalisme périphérique ». La phase actuelle est dominée par « une coopération globale » formule de la coopérative communautaire. Significative en tout est l'extension avec laquelle la coopérative agricole est en train d'être acceptée, soit comme instrument de réforme rurale, soit comme un instrument efficace d'installation ou de ré-établissement de communautés.

À partir des études de cas, ce travail analytique et critique impose quelques constats simples. Les activités menées par les différents acteurs, dans toutes les études de cas présentées dans ce livre, sont animées par une éthique d'inspiration populiste. Il s'agit d'apporter l'aide aux pauvres et aux individus précarisés[83].

En ce sens, paysans pauvres et autres producteurs congolais s'associent pour faire face aux difficultés communes. La coopération libère ainsi les plus déterminés d'entre eux des problèmes alimentaires et financiers. Si la RDC sort de son état actuel de « fragilité » et s'il y a une réelle volonté politique de bâtir le secteur privé coopératif, l'immense majorité de la population exclue du secteur privé dominant en profitera. Mais ces regroupements coopératifs et associatifs sont des sociétés compétitives, dans lesquelles richesse et statut social fondamentalement déterminés par le travail sont corrélatifs. Leur essor nécessite impérativement le professionnalisme de la coopération. La professionnalisation de la coopération implique que ses différents acteurs contribuent chacun dans son champ de compétence. De ce point de vue, il est impérieux de bien distinguer les tâches de chaque catégorie d'associés pour éviter le désordre et le gaspillage.

De plus, la compétence acquise en matière de coopération et de connaissance des milieux locaux est indispensable : d'une part, des compétences techniques adaptées aux conditions du milieu local et, d'autre part, des compétences sociologiques permettant de prévenir certaines dérives, de gagner du temps et de l'argent. Les analyses sociologiques, anthropologiques, politiques et économiques du milieu local concerné sont une des conditions obligatoires d'une intervention adaptée. Elles sont porteuses d'une dynamique pérenne. Elles apportent, en fait, des connaissances utiles des structures et des enjeux locaux de pouvoir entre les tenants de la tradition et ceux de la modernité. Nous proposons qu'avant toute intervention, les acteurs de terrain (et leurs commanditaires) connaissent bien les structures et les fonctionnements des sociétés locales. Toute mise en œuvre d'une activité productive, d'un service, d'un projet ou d'un programme de développement devra être précédée d'une étude du milieu.

83 Les catégories dominées : habitants des quartiers précaires des grandes villes, paysans pauvres, chômeurs, femmes, jeunes sans emploi, diplômés sans emploi, enfants, femmes, etc. (Marie, 2005)

BIBLIOGRAPHIE

AMIN, S. et VERGOPOULOS, K. (1974). *La question paysanne et le capitalisme*, Paris, Anthropos-IDEP.

ASSOGBA Y. (2004). *Sortir l'Afrique du gouffre de l'histoire. Le défi éthique du développement et de la renaissance de l'Afrique noire.* Québec, Les Presses de l'Université Laval.

BADIE, B. (1992). *L'État importé. L'occidentalisation de l'ordre politique*, Paris, Fayard.

BANQUE CENTRALE DU CONGO (2010). *Évolution de l'activité économique et financière en 2010.* Rapport annuel 2010, Kinshasa, BCC.

BANQUE MONDIALE (2010). *L'étude diagnostique sur l'intégration du commerce*, Kinshasa, Département en charge de la réduction de la pauvreté et gestion économique 3, Région Afrique, juillet.

BANQUE MONDIALE (2008). *Rapport sur le développement dans le monde 2008. L'agriculture au service du développement*, Washington.

BALANDIER G. (1982). *Georges, Sociologie actuelle de l'Afrique noire.* Paris, Quadrige/PUF.

BARATIER J.(2005). *L'entreprise contre la pauvreté. La dernière chance du libéralisme.* Paris, Autrement.

BAYART, J.-F. (1989). *L'État en Afrique. La politique du ventre*, Paris, Fayard, Coll. L'espace du politique.

BEAUFAYS, J. (1995). *Relations politiques internationales : Introduction.*, Université de Liège, Département des sciences politiques.

BIDET, E. (1999). « Économie sociale », dans *Encyclopédie des sciences sociales Universalis*, Paris, pp. 349-353.

BAYART, J.-P., ELLIS S., S. et HIBOU, B. (1997). *La criminalisation de l'Etat en Afrique*, Paris, Editions complexe.

BEN YAHED, B. (2012). « La leçon de M.Thiam ». *Jeune Afrique,* n° 2688, du 15 au 21 juillet.

BERGHEZAN, G. et NKUNDABAGENZI F. (1999). *La guerre du Congo-Kinshasa. Analyse d'un conflit et transferts d'armes vers l'Afrique centrale*, Bruxelles, GRIP.

BOURDIEU, P. (2001). *Contre-feux 2. Pour un mouvement social européen*, Paris, Éditions Raisons d'Agir.

BOURDIEU, P. (1980). « Le capital social, notes provisoires », *Actes de la recherche en sciences sociales 31.*

BRAUMAN R. (1995). *L'Action humanitaire.* Paris, 1995.

BRAUMAN R. (1996). *Le dilemme humanitaire. Entretien avec Philipe Petit.* Paris, Les Éditions Textuel.

BRAUDEL, F. (1985). *La dynamique du capitalisme*, Paris, Arthaud.

BULTOT, F. (1977). *Atlas climatique du bassin zaïrois*, Quatrième partie, Publications de l'I.N.E.A.C., Bruxelles, 1977, Hors-série.

CEPAS (2010). *Les enjeux de la convention minière RDC-Chine. Analyse du contrat chinois par des experts congolais*, Kinshasa, Editions du CEPAS (Centre d'Études Pour l'Action Sociale).

CARDOSO, F.H. et FALETTO, E. (1978/1970). *Dépendance et développement en Amérique latine*, trad.f. Paris, Anthropos.

CHALEARD, J-L. (1996). *Temps des villes, temps des vivres. L'essor du vivrier marchand en Côte d'Ivoire*, Paris, Karthala.

CHOSSUDOVSKY, M. (1998). *La mondialisation de la pauvreté*, Montréal, Éditions Écosociété.

COLOMBEL, Y. (2000). *L'agriculture française*, Paris, Armand Colin.

COTE, L. (Ed.). (2011). *La gouvernance : Frontières, dispositifs et agents*, Québec, PUQ.

DEVELTERE, P., I. Pollet et F. WANYAMA (Eds). (2008). *Cooperating out of poverty. The renaissance of the African cooperative movement*, Geneva, International Labour Office, World Bank Institute.

DE BOECK, F. (2004). « Être Shege à Kinshasa : Les enfants, la rue et le monde occulte », dans TREFON, T. (Ed), *Ordre et désordre à Kinshasa. Réponses populaires à la faillite de l'État.* Paris/Bruxelles, L'Harmattan, Cahiers Africains, n° 61-62.

DE HERDT T.(1998). *Entamer la lutte contre la pauvreté urbaine à Kinshasa et au Congo.* Centre for Development Studies Publications, Antwepen, Universitaire Faculteiten Sint Ignatius Antwerpen.

DEFOURNY, J. (2002). *Les coopératives en Belgique, un mouvement d'avenir ?*, Éd. Luc Pire, Liège.

DRAPERI, J.-F. (2007). *Comprendre l'économie sociale*, coll. « Action sociale », Paris, Dunod.

DESFARGES, P. (2002). *La mondialisation*, Paris, PUF, Coll. Que sais-je ?

DEMOUSTIER, D. (2001). *L'économie sociale et solidaire, s'associer pour entreprendre autrement*, Paris, Syros/Alternatives économiques.

DE SARDAN, J-P. O. (1995). « La politique du terrain. Sur la production des données en anthropologie », dans *Enquête*, n° 1, pp. 71-109.

DE SARDAN, J-P. O. (1995). *Anthropologie et développement. Essai en socio-anthropologie du changement social*, Paris, APAD-Karthala.

DESROCHE, H. (1991). « Le projet coopératif à l'ouest, à l'est et au Sud », *Coopératives et développement*, vol.22, n° 2, pp. 13-31.

DE SENARCLENS, P. (2007). *La mondialisation. Théories, enjeux et détails,* Paris, Armand Colin, 4e édition.

DE SENARCLENS, P. (2003). *Critique de la mondialisation*, Paris, Presses de sciences PO.

DEVELTERE, P. (1998). *Économie sociale et développement. Les coopératives, mutuelles et associations dans les pays en développement*, Bruxelles, De Boeck Université.

DIONNE, H. (1996). « L'autre développement local et régional », *Relations*, Octobre, pp. 244-246.

DIJKEMA, C., GATELIER, K., SAMSON, I. et ZAGAINOVA, A. (2008). « Le modèle de l'État-Nation : solution ou problème pour les pays émergents », *Les Cahiers de l'Association Tiers Monde* n° 23, pp. 13- 30.

DURKHEIM, E. (1893). *De la division du travail social*, paris, PUF.

EKWA, M.B. (2010). « L'enseignement et le développement en RD Congo, 50 ans après l'indépendance », *Congo-Afrique*, N° 447, Septembre, pp. 579-592.

ELIAS, N. (1991). *La société des individus*, Paris, Fayard.

ERPICUM, R. (2010). « La part des ONGD dans le développement de la République Démocratique du Congo », *Congo-Afrique*, n° 446, juin-juillet, pp. 455-463.

FALL T. et A.S. FALL (dir.) (2001). *Cités horticoles en sursis ? L'agriculture urbaine dans les grandes Niayes au Sénégal.* Ottawa, CRDI.

FAVREAU L. et L. FRECHETTE (2002). *Mondialisation, économie sociale, développement local et solidarité internationale,* Sainte-Foy, Presses de l'Université du Québec.

FAVREAU, L. et S. OUEDRAOGO. (2008). *Mouvement coopératif et développement des communautés dans les pays du Sud : Étude exploratoire de l'Alliance coopérative internationale (ACI),* Gatineau, Alliance de recherche université-communauté (ARUC-ISDC).

FAVREAU, L. (2008). *Entreprises collectives. Les enjeux sociopolitiques et territoriaux de la coopération et de l'économie sociale, Québec, Presses de l'Université du Québec.*

FERREOL, G. et alii (1991). *Dictionnaire de sociologie,* Paris, Armand Colin, Cursus.

FOUGIER, E. (2008). « L'altermondialisme a encore un avenir », *Alternatives économiques/ Alternatives internationales,* Hors-série, n° 6.

FUKUYAMA, F. (1992). *La fin de l'histoire et le dernier homme*, Paris, Flammarion.

GADREY, J. (2010). Adieu à la croissance. *Bien vivre dans un monde solidaire*, Paris, Ed. Les Petits matins.

GALLET, L. (2009). « L'indexation des États fragiles : Nouvel outil des relations internationales » www.psi.ulaval.ca/.../Mise_au_point_-_Les_États (consulté le 31/08/2012)

GAZIBO, M. et J. JENSON (2004). *La politique comparée*, Montréal, Les Presses de l'Université de Montréal.

GOOSSENS, F. et al. (1994). *Nourrir Kinshasa. L'approvisionnement local d'une métropole africaine*, Paris, L'Harmattan.

GRONOVETTER, M. (2000). *Le marché autrement*, Paris, Desclée de Brouwer.

GUICHAOUA, A. et GOUSSAULT Y. (1993/2005). *Sciences sociales et développement*, Paris, Armand Colin.

HAUBERT, M. (2001). *Signification et portée des dynamiques d'organisation des producteurs ruraux dans les pays en développement*, Paris, Textes de recherche n° 45, CRI/IEDES/ Université de Paris I, octobre.

HOUGON, P. (2005). « L'Afrique dans la mondialisation », *Esprit*, Vues d'Afrique, n° 317, août-septembre, pp. 158-164.

HUNT N.R. (1999). *A colonial lexicon of Birth ritual, Medicalization, and Mobility in the Congo. Duke.*

HYDEN, G. (1992). « Gouvernance et étude de la politique », dans HYDEN G. et Michael BRATTON (dir.), *Gouverner l'Afrique. Vers un partage des rôles*, Boulder, Colorado, Lynne Rienner Publishers, p. 1-37.

INFIELD, H. (1955). *Coopératives communautaires et sociologie expérimentale.* Esquisse pour une sociologie de la coopération (Adaptation française par Henri Desroche), Paris, Editions de Minuit.

JEANTET, T. (2009). *Économie sociale*, Paris, La documentation française.

JEUNE AFRIQUE (2012). « Recherche armée désespérément », n° 2688, du 15 au 21 juillet, pp. 34-35.

JEEP (1999). *Rapport d'activités* (Inédit).

JEEP (2002). *Rapport d'activités* (Inédit)

KAYSER, B. et al. (1981). « Cherté du manioc et pauvreté paysanne dans le Bas-Congo », dans *Les Cahiers d'Outre-mer*, n° 134, pp. 97-110.

KEMPF, H. (2009). *Pour sauver la planète, sortez du capitalisme*, Paris, Ed. Seuil, Coll. L'Histoire immédiate.

KENNES, E. et MUNKANA N'GE (2003). *Essai biographique sur Laurent D.Kabila*, Tervuren/ Paris, CEDAF/L'Harmattan.

KINKELA S. (2001). « L'apport du maraîchage dans la lutte contre l'insécurité alimentaire à Kinshasa », in MUKADI et TOLLENS (Eds). *Sécurité alimentaire au Congo-Kinshasa, Production, consommation et survie.* L'Harmattan/KU Leuven, Collection « Congo-Zaïre-Histoire et société. »

KOC M., M. MOUGEOT et WELSH, J.(2000). (dir.), *Armer les villes contre la faim : systèmes alimentaires durables.* Ottawa, Centre de recherches pour le développement international.

LACHANCE, G. (1991). « La coopération comme système économique et mouvement social », Coopératives et Développement. Revue du CIRIEC, vol.22, n° 2, pp. 55-68.

LATOUCHE, S. (2002). « D'autres mondes sont possibles : pas une autre mondialisation », *MAUSS*, n° 20, pp. 77-89.

LATOUCHE, S. (2004). « Chapitre 5 : Sortir du développement », dans *Survivre au développement*, Paris, Éditions Mille et une nuits, pp. 89-113.

LELART, M. (1989). « L'épargne informelle en Afrique, les tontines béninoises », *Revue Tiers-Monde*, Volume 30, Issue 118, avril-juin, pp. 271-298.

Le PAPE M. et al (dir.). (2001). *Une guerre contre les civils — Réflexions sur les pratiques humanitaires au Congo-Brazzaville*. Paris, Karthala et MSF.

MAKUNGU M, N. (2008). *L'expérience d'élevage périurbain à Kinshasa. Entre débrouille et entreprise*, Paris, L'Harmattan.

MAKUNGU M, N. (2006). *« La gestion collective de l'offre dans les productions à risques et son tournant au Québec »,* Publication de l'Alliance de recherche Université — Communauté/Innovation sociale et développement des collectivités (ARUC-ISDC) et de la Chaire de recherche du Canada en développement des collectivités, Série recherches, Université du Québec en Outaouais, n° 16.

MARIE, A. (2005). *La coopération décentralisée et ses paradoxes*, Paris, Karthala.

MARIE, A. (1994). « Du sujet communautaire au sujet individuel. Crise des solidarités, sorcellerie et procès d'individuations en Afrique (itinéraires abidjanais) » dans GREMOVIA, *Processus d'individualisation dans les villes ouest-africaines,* Paris, Ministère de la coopération et du développement, CNRS et ORSTOM.

MATHIS, J., A. KASHOBA A. et J.P. WARNIER (2008). *Mesure de la performance de la gestion des finances publiques en République Démocratique du Congo selon la méthode FEFA*, mars, inédit.

MATATA, P.M. (2012). Discours programme du Premier ministre devant le parlement, le 07 mai 2012 à *Kinshasa*. http://congonouveau.net/nr/societe/668-matata-ponyo-deroule-les-quatre-principaux-axes-de-sa-feuille-de-route.html (consulté, le 06 juin 2012).

MARACTHO M. M. A. (2004). « Le robinet est en grève : la (non) distribution d'eau et les stratégies d'approvisionnement », dans TREFON, T. (Ed), *Ordre et désordre à Kinshasa. Réponses populaires à la faillite de l'État*. Paris/Bruxelles, L'Harmattan, Cahiers Africains, n° 61-62.

MAZALTO, M. (2002). « La réforme des législations minières en Afrique et le rôle des institutions financières internationales : La République Démocratique du Congo », dans MARYSS, S. et F. REYNTJENS (dir.), *L'Afrique des Grands Lacs*, Annuaire 2001-2002, Paris, L'Harmattan.

MAZOYER, M. (1992). Cours d'Agriculture comparée, DESS de développement agricole, Université Paris I–IEDES/INA-PG.

MEDARD, J.-F. (1991). *États d'Afrique : formations, mécanismes, crise*, Paris, Karthala.

MERTENS, B. et BELANGER, L. (2009). *Atlas forestier interactif de la République Démocratique du Congo*. Document Synthèse. Rapport du World Resources.

MOKILI, D. K. (1998). *Politiques agricoles et promotion rurale au Congo-Zaïre 1885-1997*, Paris, L'Harmattan.

MUCCHIELLI, A. (1991). *Les méthodes qualitatives*, Paris, Presses universitaires de France, coll. « Que sais-je ? ».

MUGARUKA, R.M. (2010). « Les Universités congolaises. Cinquante ans après l'accession de la RD Congo à l'indépendance : Bilan et perspectives », *Congo-Afrique*, n° 446, Juin-Juillet-Août, pp. 467-492.

MUTAMBA, D.D. (2010). « Regards critiques sur la convention Sino-Congolaise en rapport avec le code minier et les pratiques dans le secteur minier », dans *Les enjeux de la convention minière RDC-Chine*, Kinshasa, Ed. CEPAS, pp. 67-84

NAIR, S. et DE LUCAS, J. (1996). *Le déplacement du monde : immigration et thématique identitaire*, Paris, Kimé.

NDAYWEL, I. (2010). *Nouvelle histoire du Congo. Des origines à la République démocratique*, Bruxelles, LE CRI-Afriques Éditions, Coll. Histoire.

NDAYWEL, I. (1998). *Histoire générale du Congo. De l'héritage ancien à la République démocratique*, Paris/Bruxelles, Duculot/De Boeck.

N'DIONE (2002). « La réciprocité : une alternative au libre échange », dans revue *L'écologie* n° 6, 4p.

NGONDO S., de SAINT MOULIN et TAMBASHE (1995). *Perspectives démographiques du Zaïre 1984-1999*, Kinshasa, CEPAS

NORTH, D.C. (1991). « Institutions ». *The Journal of Economics Perspectives*, Vol.5, n° 1, Winter, pp. 97-112.

OLANREWAJU, B. S. et alii. (2004). *Développement durable de l'agriculture urbaine en Afrique francophone. Enjeux, concepts et méthodes*, Ottawa/Montpellier, CRDI/CIRAD.

PAQUET, G. (2011). *Gouvernance collaborative. Un antimanuel*, Montréal, Liber.

PEEMANS, J.-P. (1997). *Crise de la modernisation et pratiques populaires*, Paris, L'Harmattan.

PELLETIER, G. R. (1991). « Les fondements de la doctrine coopérative et la question de la capitalisation », *Coopératives et Développement. Revue du CIRIEC, 22*(2), 69-104.

PINEAU, G. (1983). *Produire sa vie, autoformation et autobiographie*, Paris, Éditions Saint-Martin.

PROGRAMME DES NATIONS UNIES POUR LE DÉVELOPPEMENT. (PNUD, 2009). *Conditions de vie des ménages. Province de Kinshasa*, Kinshasa, PNUD, Unité de lutte contre la pauvreté, mars.

POLANYI, K. (1983). *La Grande transformation. Aux origines politiques et économiques de notre temps*, trad.fr. Paris, Gallimard (1re éd. Américaine : 1944).

RAMONET, I. (2004). « Le nouveau capitalisme. Une régression », *Manière de Voir 72. Le Monde diplomatique*, pp. 6-7.

RAVIGNAN, F. (2001). « L'après et l'autrement du développement », conférence faite au salon écologique Primevère, à Lyon en février, 4 p.

RÉPUBLIQUE DÉMOCRATIQUE DU CONGO. (2010). Revue du Document de la Stratégie de Réduction de la pauvreté, Kinshasa, Hôtel Memling, 8 et 9 mars.

RIEFF D. (2002). *A Bed for the Night. Humanitarianism in crisis.* New York, Simon & Schuster.

RYFMAN P. (1999). *La Question Humanitaire. Histoire, problématique, acteurs et enjeux de l'aide humanitaire internationale.* Paris, Ellipses.

RIST, G. (1997). « La mondialisation des anti-sociétés », Rist, G (dir.), *La mondialisation des anti-sociétés. Espaces rêvés et lieux communs*, Paris, Presses universitaires de France, Nouveaux cahiers de l'INED, pp. 23-39.

SACHS I. (1980). *Stratégies de l'écodéveloppement.* Editions ouvrières, Paris.

SEN A. (2000). Un nouveau modèle économique. Développement, justice, liberté. Odile Jacob, Paris.

SMITH O. B., MOUSTIER, P. et alii (2004). *Développement durable de l'agriculture urbaine en Afrique francophone. Enjeux, concepts et méthodes.* Ottawa/Montpellier, CRDI/CIRAD.

SAINT MOULIN, L. (2010). « La population congolaise : situation et perspectives », *Congo-Afrique*, n° 444, Avril, pp. 263-280

SMITH, A. (1776/2001). *Recherches sur la nature et les causes de la richesse des Nations*, Édition électronique réalisée avec le traitement de textes Microsoft Word 2001 pour Macintosh.

OCDE (2011). Les Principes pour l'engagement international dans les États fragiles. www.oecd.org/dataoecd/61/44/38368761.pdf (consulté le 10 mai 2013).

TREFON T. (Ed) (2004). *Ordre et désordre à Kinshasa. Réponses populaires à la faillite de l'État.* Paris/Bruxelles, L'Harmattan, Cahiers Africains, n° 61-62.

RÉPUBLIQUE DÉMOCRATIQUE DU CONGO (2006). *Constitution du 18 février.*

RÉPUBLIQUE DÉMOCRATIQUE DU CONGO (2011). *Loi n° 11/002 du 20 janvier.*

RIST, G. (2007). « Chapitre 4/L'invention du développement », dans *Le développement. Histoire d'une croyance occidentale*, Paris, Sciences po, pp. 127-145

ROSTOW, W.W. (1953). *The process of Economic Growth, Oxford.*

TILLY, C. (1975). *The Formation of National States in Western Europe*, Princeton, Princeton University Press.

TREFON, T. (2004). *Ordre et désordre à Kinshasa. Réponses populaires à la faillite de l'État*, Bruxelles/Paris : ASDOC/L'Harmattan, Cahiers Africains, n° 61-60.

TRAINAR, P. (2004). « La mondialisation fait reculer la pauvreté ! », *Sociétal*, n° 43, pp. 41-45.

VERHAEGEN B. (1973). *Rébellions au Congo.* Bruxelles, Centre de Recherche et d'Information Sociopolitiques.

VIENNEY, C. (1994). *L'économie sociale,* Paris, La découverte.

YAO, A. (2004). *Sortir l'Afrique du gouffre de l'histoire : le défi éthique du développement et de la renaissance de l'Afrique noire*, Québec, Les Presses de l'Université Laval.

YOUNG C.(1985). *The rise and decline of the Zairian State.* Madison, The University of Wisconsin Press.

UNITÉ DE LUTTE CONTRE LA PAUVRETÉ DU PNUD. (2009). *Province du Bas-Congo. Profil Résumé. Pauvreté et conditions des ménages*, Kinshasa, Pnud.

UNITÉ DE PILOTAGE DU PROCESSUS DSCRP. (2006). *Document de Stratégie de Croissance et Réduction de la pauvreté (DSCRP).*

WALLERSTEIN, I. (1996). *La restructuration capitaliste et le système-monde.* http://classiques.uqac.ca/contemporains/WALLERSTEIN_Immanuel/) (page consultée le 23-02-2010).

WARNIER, J.P. (1993). *L'esprit d'entreprise au Cameroun*, Paris, Karthala.

WARNIER, J.P.(1995). « Trois générations d'entrepreneurs bamiléké (Cameroun) », dans Fauré et Ellis, *Entreprises et entrepreneurs africains*, Paris, Karthala.

WILLAME, J.C. (1986). *Zaïre, l'épopée d'Inga : Chronique d'une prédation industrielle*, Paris, L'Harmattan.

VEBLEN, T. (1899, 2007). *Théorie de la classe de loisir*, Paris, Gallimard, coll. « tel ».

YOUNG, C., et T. TURNER. (1985). *The Rise and Decline of the Zairian State*, Madison, University of Wisconsin Press, June.

ZIEGLER, J.(2002). *Les nouveaux maîtres du monde et ceux qui leur résistent*, Paris, Fayard.

République démocratique du Congo aux éditions L'Harmattan

Dernières parutions

FRANCO LE GRAND MAÎTRE
Die Lala Raoul Yema - Préface d'Augustin Matata Ponyo
Franco. Sa guitare, sa voix, sa musique marquent son immortalité en défiant le temps, les époques et les modes. Elles continuent, deux décennies après sa disparition, à captiver et à susciter des débats. Ce livre révèle le portrait contrasté et éclatant d'un musicien hors du commun. C'est aussi un livre de souvenirs pour ceux qui ont connu Franco autant que pour ceux qui ne l'ont pas connu, mais qu'il fait chanter, danser, rire et pleurer.
(Coll. Comptes Rendus, 17.50 euros, 164 p.)
ISBN : 978-2-343-00394-8, ISBN EBOOK : 978-2-296-53062-1

PATERNALISME (LE) EN QUESTION
Les anciens ouvriers de la Gécamines face à la libéralisation du secteur minier katangais (RD Congo)
Rubbers Benjamin
En 1926, l'Union minière du Haut-Katanga jette les bases de sa politique paternaliste, qui touchera tous les aspects de la vie quotidienne de ses travailleurs pendant plus d'un demi-siècle. En 2003, après une décennie dans la tourmente, 10000 agents sont licenciés de l'entreprise dans le cadre du projet de libéralisation du secteur minier conçu par la Banque mondiale. De quelle façon ont-ils réagi à leur «abandon» par l'entreprise ? Comment ont-ils fait face à leur nouvelle indépendance ?
(Coll. Cahiers Africains, 33.00 euros, 322 p.)
ISBN : 978-2-343-00238-5, ISBN EBOOK : 978-2-296-53105-5

PROVINCE DU SUD-KIVU (RDCONGO)
Enjeux économiques et financiers
Bukavu Journal of Economics and Social Sciences 1
L'objectif de cette nouvelle revue est de collecter des données, d'organiser des connaissances sur différents aspects de la vie socioéconomique de la région du Kivu. Au sommaire de ce volume : L'adoption de la TVA en RD Congo. Analyse de la compétitivité de la banane au Sud-Kivu. Les clients des institutions de microfinances à Bukavu. Les structures financières des PME à Bukavu.
(24.00 euros, 232 p.)
ISBN : 978-2-343-00436-5, ISBN EBOOK : 978-2-296-53132-1

CAHIERS CONGOLAIS DE COMMUNICATION (VOL. X)
CECOM Centre d'études en communication de masse
La première partie de ce dixième volume des *Cahiers congolais de communication* rend compte d'une série de recherches en sciences de la communication. La seconde partie comprend des études pluridisciplinaires sur des enjeux culturels, psychosociopolitiques et géostratégiques.
(Coédition IFASIC (Unikin), 29.00 euros, 282 p.)
ISBN : 978-2-343-00399-3, ISBN EBOOK : 978-2-296-53168-0

PLURALISME JURIDIQUE ET RÈGLEMENT DES CONFLITS FONCIERS EN RÉPUBLIQUE DÉMOCRATIQUE DU CONGO
Mulendevu Mukokobya Richard
En RDC, les conflits fonciers coutumiers sont de la compétence des tribunaux étatiques. Mais les populations locales font appel à d'autres forums pour leur règlement. On vit un pluralisme «juridictionnel» qui fait intervenir les tribunaux coutumiers, les ONG des droits de l'homme et/

ou de développement, les services de médiation liés à des confessions religieuses, etc. La pluralité de ces instances rend le règlement des conflits encore plus aléatoire.
(Coll. Études africaines, 34.00 euros, 332 p.)
ISBN : 978-2-296-99829-2, ISBN EBOOK : 978-2-296-53060-7

DÉVELOPPEMENT RÉGIONAL EN RÉPUBLIQUE DÉMOCRATIQUE DU CONGO DE 1960 À 1997
L'exemple du Kwango-Kwilu
Mashini D.M. Jean-Claude
Cet ouvrage pose la question du développement régional au Congo (ex-Zaïre), à partir de l'exemple du Kwango-Kwilu, pour la période allant de 1960 à 1997, deux dates importantes dans l'histoire sociopolitique du pays. Cette étude met en évidence des mécanismes de sous-développement et des stratégies de blocage d'une région en dépression en Afrique noire. L'avenir est à envisager dans le cadre d'une autonomie régionale bien comprise.
(Coll. Etudes africaines, 36.00 euros, 348 p.)
ISBN : 978-2-296-99773-8, ISBN EBOOK : 978-2-296-51587-1

VIOLENCES SEXUELLES, RÉGIME JURIDIQUE ET LIMITES À LA RÉPRESSION DE CES CRIMES EN RDC
Mapatano Karume Joël
En temps de guerre, les viols deviennent une arme stratégique, une façon d'affirmer l'occupation d'un territoire, une forme de représailles ou d'humiliation de l'ennemi vaincu ; bref, ces actes sèment la terreur parmi les populations civiles. La plupart de ces violences correspondent à des crimes contre l'humanité. Pendant les récents conflits en République démocratique du Congo, les violences sexuelles ont pris des proportions inquiétantes, au point de devenir un outil ordinaire de guerre...
(Coll. Harmattan Italia, 24.00 euros, 176 p.)
ISBN : 978-2-336-00028-2, ISBN EBOOK : 978-2-296-51611-3

QUEL EST LE MEILLEUR SYSTÈME POLITIQUE POUR LA RÉPUBLIQUE DÉMOCRATIQUE DU CONGO : FÉDÉRALISME, RÉGIONALISME, DÉCENTRALISATION ?
Tshiyembe Mwayila
Qu'est-ce que le fédéralisme apporterait de plus à la RDC que le régionalisme politique et la décentralisation en vigueur ? L'auteur privilégie une analyse comparée et s'attache à dégager les fondements de ces différents systèmes politiques aux USA, en France, en Espagne, en Italie, au Canada et en Belgique ; il autopsie le régionalisme politique et la décentralisation de l'État congolais en examinant les atouts potentiels de ce système.
(Coll. Géopolitique mondiale, 13.50 euros, 122 p.)
ISBN : 978-2-336-00645-1, ISBN EBOOK : 978-2-296-51187-3

DROIT CONSTITUTIONNEL ET POUVOIR EXÉCUTIF EN RDC
1re et 3e Républiques
Makengo Nkutu Alphonse
Cet ouvrage présente de manière claire et synthétique l'examen de la théorie générale du droit constitutionnel et les pouvoirs exécutifs sous la 1re et la 3e République en République démocratique du Congo. Le lecteur y trouvera de nombreuses explications permettant de comprendre l'État, la Constitution, le pouvoir politique et les pouvoirs exécutifs durant ces périodes. La première partie développe la théorie générale du droit constitutionnel et la seconde analyse les pouvoirs exécutifs.
(Coll. Études africaines, 13.50 euros, 132 p.)
ISBN : 978-2-336-00817-2, ISBN EBOOK : 978-2-296-51182-8

INDUSTRIE (L') MINÉRALE CONGOLAISE
Chiffres et défis Tome 1
Monti Léonide Mupepele ; Préface de Jean-Pierre Tshibangu ; postface de Jean-Claude Masangu
Dans ce livre, toutes les ressources du sous-sol congolais, jugées exploitables, regroupées en ressources minières, hydrocarbures et matériaux de construction sont passées en revue. Quelles

sont ces ressources ? A quels usages sont-elles destinées ? Où les trouve-t-on en RD Congo ? Quelles sont les réserves de la RDC et des pays du monde ? Quels sont les opérateurs miniers qui assurent la mise en valeur des exploitations ?
(Coll. Harmattan RDC, 32.00 euros, 322 p.)
ISBN : 978-2-336-00216-3, ISBN EBOOK : 978-2-296-50897-2

UNE SEMAINE MÉMORABLE – Qui a tué Laurent-Désiré Kabila ?
Finia Buassa Serge
En 2001 en RDC survint la disparition mystérieuse de son président Mzee Kabila. Une dizaine d'années plus tard, jugé sur les actes, le fils, placé à la tête du pays, n'a pas su relever le défi : il bloque l'alternance au pouvoir, l'intérêt particulier s'impose à l'intérêt général, le pays est toujours perméable aux attaques armées, il viole les droits des congolais, dont celui de savoir qui a tué Laurent Désiré Kabila.
(Coll. Ecrire l'Afrique, 14.50 euros, 142 p.)
ISBN : 978-2-296-99508-6, ISBN EBOOK : 978-2-296-50999-3

RESSOURCES (LES) NATURELLES DANS LES CONFLITS ARMÉS EN RÉPUBLIQUE DÉMOCRATIQUE DU CONGO
Owona Mfegue Félicité Kourra - Préface de Joseph Owona
Tout à la fois chronique des événements récents et analyse des aspects juridiques de l'exploitation illégale des ressources en RDC, cet ouvrage s'attache à déceler les signes de la fin de l'hypothèque géante sur les ressources du pays et les promesses de reconstruction de ce Congo-continent.
(Coll. Défense, Stratégie et Relations Internationales, 24.50 euros, 246 p.)
ISBN : 978-2-336-00177-7, ISBN EBOOK : 978-2-296-50996-2

DÉMOCRATIE, FEMME ET SOCIÉTÉ CIVILE EN AFRIQUE
Ngoma-Binda P.
Cet ouvrage indique que la démocratie politique, reconnue être force civilisatrice des nations, réclame pourtant d'être elle-même civilisée. Mais le succès de la civilisation de la politique est aussi lié à la condition nécessaire de la vie préalable pour l'individu, homme et femme, de la société civile et de la politique, de la plénitude de sa citoyenneté au sein de l'espace public. Les matériaux d'analyse et de réflexion proviennent des efforts de la femme et de la société civile du Congo.
(Coll. Comptes Rendus, 18.00 euros, 170 p.)
ISBN : 978-2-336-00233-0, ISBN EBOOK : 978-2-296-51005-0

DE GAULLE ET MOBUTU
Deux figures paradoxales en quête de stabilité politique
Kirongozi Bometa Mathieu - Préface de Mwayila Tshiyembe
Cet ouvrage s'attaque à l'un des paradigmes fondateurs de la sociologie politique contemporaine : la stabilité politique comme antithèse de l'instabilité politique. Le cas de la France et du Zaïre, deux pays sortis meurtris de la Seconde Guerre mondiale et de la crise de la décolonisation, dirigés par deux chefs militaires, De Gaulle et Mobutu, en est une illustration. En quête de stabilité politique, le premier optera pour la démocratie et le second pour la dictature.
(Coll. Géopolitique mondiale, 20.00 euros, 196 p.)
ISBN : 978-2-336-00492-1, ISBN EBOOK : 978-2-296-50979-5

PREMIÈRES ÉLECTIONS PLURALISTES POST-MOBUTU
(Bukavu, R. D. Congo 2006)
Makuta Mwambusa Pacifique
De la symbolique électorale de 2006, il ressort qu'à Bukavu, les symboles ont rempli deux fonctions notamment de participation et de communication politiques. L'usage des symboles que les acteurs connaissent et comprennent est essentiel pour gagner les suffrages. Dans ce livre sont analysées les multiples formes d'identification mobilisées par les compétiteurs et leurs partisans durant la campagne électorale.
(Coll. La Région des Grands Lacs Africains, 18.00 euros, 156 p.)
ISBN : 978-2-296-12991-7, ISBN EBOOK : 978-2-296-50959-7

RÉVOLUTION (LA) DU POUVOIR-FAIRE
Pour une économie du bien commun au Congo
Mumengi Didier
Il n'y a ni pays prédestiné au développement, ni peuple condamné au sous-développement. Comment bâtir un environnement national propice au partage des connaissances essentielles ? Cet ouvrage met en exergue le besoin de transformation des structures éducationnelles, formatives et culturelles, afin que la société congolaise accède à une vie nationale intellectuellement et professionnellement aussi performante qu'épanouissante.
(Coll. Comptes Rendus, 36.00 euros, 354 p.)
ISBN : 978-2-336-00225-5, ISBN EBOOK : 978-2-296-50797-5

ETATS-UNIS (LES) DU BASSIN DU CONGO
Une éco-région pour un co-développement
Mumengi Didier
La reconstruction de l'Afrique centrale dévastée plaide pour un changement de regard tant sur ce qui fait la richesse d'une région que sur ce qui devrait dorénavant faire valeur pour l'Afrique centrale. Cet ouvrage lance l'idée des États-Unis du Bassin du Congo comme un projet de «co-développement» pour cette partie médiane de l'Afrique façonnée par la nature pour être une éco-région confédérale.
(Coll. Comptes Rendus, 22.00 euros, 220 p.)
ISBN : 978-2-336-00224-8, ISBN EBOOK : 978-2-296-50796-8

MASSACRE DE LUBUMBASHI (11-12 MAI 1990)
Koyagialo Ngbase Te Gerengbo Louis Alphonse
Ce livre revient sur les circonstances de ce drame de mai 1990 : une rixe entre étudiants, à caractère ethnico-politique, sur fond de fin de régime dictatorial du président Mobutu. L'auteur souligne l'iniquité du procès et décrit ses années de prison et sa réhabilitation dans l'opinion. Dirigeant politico-administratif sous le mobutisme, il est aujourd'hui un pilier du nouveau régime mené par le président J. Kabila.
(Coll. Mémoires lieux de savoir, 22.00 euros, 222 p.)
ISBN : 978-2-296-12990-0, ISBN EBOOK : 978-2-296-50743-2

RÉGIMES (LES) POLITIQUES CONGOLAIS ET FRANÇAIS
Une analyse comparative
Kalombo Francis
Dans ce livre, l'auteur tente de confronter le régime politique congolais au régime français, afin d'examiner si les deux modèles sont conformes et /ou totalement identiques, sans négliger les points de dissemblance. Le propos du livre vient rappeler la complexité, la richesse et la profondeur des relations entre la France et la RDC.
(Coll. Comptes Rendus, 19.00 euros, 186 p.)
ISBN : 978-2-336-00217-0, ISBN EBOOK : 978-2-296-50688-6

STRATÉGIE DE DÉVELOPPEMENT DE L'ENSEIGNEMENT PRIMAIRE, SECONDAIRE ET PROFESSIONNEL DE LA RÉPUBLIQUE DÉMOCRATIQUE DU CONGO (2010-2011 - 2015-2016)
Ministère de l'Enseignement Primaire, Secondaire et Professionnel - Préface de Joseph Kabila, Président de la République
L'enjeu de la stratégie de développement de l'enseignement primaire, secondaire et professionnel concoctée par le gouvernement congolais est d'adapter l'offre d'éducation et de formation non seulement à la demande sociale du pays, mais également à la demande de l'excellence imposée par la révolution scientifique et technologique et par la compétition entre les savoirs et les nations, à l'échelle mondiale.
(Coll. Géopolitique mondiale, 15.00 euros, 126 p.)
ISBN : 978-2-336-00164-7, ISBN EBOOK : 978-2-296-50776-0

L'HARMATTAN ITALIA
Via Degli Artisti 15; 10124 Torino

L'HARMATTAN HONGRIE
Könyvesbolt ; Kossuth L. u. 14-16
1053 Budapest

L'HARMATTAN KINSHASA
185, avenue Nyangwe
Commune de Lingwala
Kinshasa, R.D. Congo
(00243) 998697603 ou (00243) 999229662

L'HARMATTAN CONGO
67, av. E. P. Lumumba
Bât. – Congo Pharmacie (Bib. Nat.)
BP2874 Brazzaville
harmattan.congo@yahoo.fr

L'HARMATTAN GUINÉE
Almamya Rue KA 028, en face du restaurant Le Cèdre
OKB agency BP 3470 Conakry
(00224) 60 20 85 08
harmattanguinee@yahoo.fr

L'HARMATTAN CAMEROUN
BP 11486
Face à la SNI, immeuble Don Bosco
Yaoundé
(00237) 99 76 61 66
harmattancam@yahoo.fr

L'HARMATTAN CÔTE D'IVOIRE
Résidence Karl / cité des arts
Abidjan-Cocody 03 BP 1588 Abidjan 03
(00225) 05 77 87 31
etien_nda@yahoo.fr

L'HARMATTAN MAURITANIE
Espace El Kettab du livre francophone
N° 472 avenue du Palais des Congrès
BP 316 Nouakchott
(00222) 63 25 980

L'HARMATTAN SÉNÉGAL
« Villa Rose », rue de Diourbel X G, Point E
BP 45034 Dakar FANN
(00221) 33 825 98 58 / 77 242 25 08
senharmattan@gmail.com

L'HARMATTAN BÉNIN
ISOR-BENIN
01 BP 359 COTONOU-RP
Quartier Gbèdjromèdé,
Rue Agbélenco, Lot 1247 I
Tél : 00 229 21 32 53 79
christian_dablaka123@yahoo.fr

Achevé d'imprimer par Corlet Numérique - 14110 Condé-sur-Noireau
N° d'Imprimeur : 109468 - Dépôt légal : juin 2014 - *Imprimé en France*

www.ingramcontent.com/pod-product-compliance
Lightning Source LLC
LaVergne TN
LVHW021232061026
849535LV00008B/3033

* 9 7 8 2 3 4 3 0 3 4 8 8 1 *